Christmas
Market

Johannes Thiele

Der Weihnachtsmarkt

THIELE VERLAG

INHALT

EINGANG

VORFREUDE IST DIE SCHÖNSTE FREUDE

WILLKOMMEN AUF DEM WEIHNACHTSMARKT

»Weihnachten war's;
durch alle Gassen scholl
der Kinderjubel und
des Markts Gebraus ...«

THEODOR STORM

Ein altes Kinderkarussell dreht seine Runden, eine blechern klingende Kirmesorgel spielt ein Weihnachtslied aus uralten Zeiten. Mit Tannenzweigen und Lichterketten geschmückte Holzbuden und Verkaufsstände reihen sich in engen Gassen aneinander – Printen, Spekulatius, gebrannte Mandeln und andere regionale Spezialitäten, Marzipan und heiße Maroni. Bratwurst auf riesigen Schwenkgrills. Glühwein, Punsch und Feuerzangenbowle zum Aufwärmen. Glaskugeln drehen sich im Wind, Lametta flattert, Räuchermännchen paffen um die Wette, Schwibbögen und Weihnachtspyramiden verbreiten warmes Kerzenlicht. Festliche Bläserklänge schallen vom Rathaus- oder Domturm herab. Würzige Düfte ziehen durch die Luft, längst hat die Dämmerung einen blauen Nebel über die Szenerie gehängt. Alle Jahre wieder.

WO DAS HERZ DER STADT SCHLÄGT

Für seinen alljährlichen Auftritt sucht sich der Weihnachtsmarkt den schönsten Platz aus: den Marktplatz, das Rathaus, den Dom, das historische Zentrum, dort, wo das Herz einer Stadt schlägt. Je älter, je mittelalterlicher, je pittoresker, umso besser. Die oft imposante Kulisse alter Kathedralen und Kirchen, Rathäuser und

anderer historischer Gebäude schafft einen würdigen Rahmen, wie die Kulissen einer Bühne, auf der ein spektakuläres Stück gespielt wird. Und ein Spektakulum bietet der Weihnachtsmarkt: Er hat einen immensen Schauwert, er spricht alle Sinne an, er repräsentiert auf emotionale Weise die traditionellen Werte der bürgerlichen Gesellschaft.

Aber es muss nicht der zentrale Platz, die »gute Stube« einer Stadt oder die Fußgängerzone sein, auf dem oder in welcher der Weihnachtsmarkt seine Budenstadt aufschlägt. Wir finden ihn auch auf Burg- und Schlossplätzen, in Guts- und Klosterhöfen, in Freilichtmuseen, in Häfen, in Einkaufszentren, auf Flughäfen, unter Viadukten, in Weinkellern, in einem Besucherbergwerk, in einer Feengrotte, in einer Glockengießerei, in einem Hauptbahnhof.

In den Städten Deutschlands, Österreichs und der Schweiz ziehen die Weihnachtsmärkte mehr Besucherinnen und Besucher an als ihre Dome und Kathedralen, Veranstaltungsarenen und Fußballstadien. Schätzungen sind schwierig, aber es kursieren doch imponierende Besucherzahlen, vor allem in den Großstädten und Metropolen: über fünf Millionen in Köln, über vier Millionen in Stuttgart, über drei Millionen in Frankfurt am Main und Wien, über zwei Millionen in Nürnberg, Hannover, Aachen, Dresden, Erfurt, über eine Million in Magdeburg.

Geschätzt zwischen 2.500 und 3.000 Weihnachtsmärkte gibt es allein in Deutschland, davon 1.500

größere Märkte, Jahr für Jahr besucht von insgesamt über 100 Millionen Menschen. Doch das sind alles nur Zahlen. Sie sagen einiges aus über die Beliebtheit der Weihnachtsmärkte, wenig jedoch über den Grund, *warum* sie so beliebt sind.

Dabei ist es eigentlich ganz einfach: Der Weihnachtsmarkt ist ein Gefühl. *Darum* ist er so beliebt.

DIE MAGIE WEIHNACHTLICHER ROMANTIK

Weihnachten, für viele das schönste Fest im Jahreskreis, blickt auf eine reichhaltige und vielfältige Tradition zurück. Es lebt von seiner Geschichte und seinen Geschichten, die heute vielleicht nicht mehr in häuslichbeschaulichen Runden bei Kerzenschein erzählt werden, aber immer noch Wirkmacht haben und Gefühle prägen.

Wir alle haben also eine Vorstellung davon, »wie Weihnachten am schönsten ist«, wie wir es am liebsten feiern, sofern wir etwas dafür übrighaben. Für viele ist es Nostalgie pur, herzerwärmende Idylle, Gefühlsseligkeit bis zur Sentimentalität. Ein Überschwang an Farben und Glanz, an Lichtern und Geheimnissen. Weihnachten ist immer noch das Land, das nur mit der Seele gesucht und gefunden werden kann. Von einigen auch noch mit dem Glauben.

Für sehr viele Menschen gehört der Weihnachtsmarkt unverzichtbar zu dieser Seelen- und Sehnsuchtslandschaft, und ich kenne nicht wenige, die in der Adventszeit über verschiedene Märkte bummeln und sie gerne mehrfach besuchen. Andere hingegen bringt nichts und niemand dazu, sich diesem bizarren Treiben auch nur von ferne auszusetzen. Am Weihnachtsmarkt scheiden sich die Geister, die einen lieben, die anderen hassen ihn.

Doch ist der Traum vom Weihnachtsmarkt nicht längst ein Trugbild? Sozusagen Geschenkpapier, in das sich Geschäftemacherei einwickelt? Voll von massenfabriziertem Ramsch und Kitsch aus Fernost, pappsüßem Glühwein in klebrigen Tassen und Bechern, ein einziges Gedränge und Geschiebe, das jede Besinnlichkeit zunichte macht?

Natürlich lässt sich trefflich klagen, dass auch der Weihnachtsmarkt »nicht mehr wie früher« ist, dass er seine Unverwechselbarkeit und Eigenart, seine Gefühls- und Gemütswerte eingebüßt hat. Ja, früher war eben mehr Lametta! Doch von welchem »Früher« sprechen wir? Ist Nostalgie nicht allzu oft ein trügerisches Gefühl, das sich aus Illusionen über die Vergangenheit eine Sehnsucht zusammenbastelt?

Für manche ist der Besuch des Weihnachtsmarkts so etwas wie ein *guilty pleasure*. Man mag ihn schon, man kann und will ihn nicht links liegen lassen, doch selbstbewusst dazu stehen fühlt sich irgendwie auch nicht richtig an. Und dann liegt wieder überall der Duft von gebrannten Mandeln und zimtgewürztem Punsch in der Luft. Dann sieht man in der Adventszeit die Leute mit ihren gefüllten Taschen vorbeigehen, wahrscheinlich mit Geschenken und mit Köstlichkeiten, auf die sie sich zu freuen scheinen wie kleine Kinder.

Dann ist es doch wieder da, das Weihnachtsmarktgefühl, lebendig wie eh und je. Dann ahnt oder weiß man plötzlich wieder, dass Weihnachten ein kindliches Gemüt braucht, sonst »funktioniert« es nicht. Und irgendwie scheint es auf magische Weise die Schritte zu lenken, dorthin, wo es glitzert und glänzt, und dann sieht man ihn schon von weitem – den Weihnachtsbaum.

EIN FUNDUS DER DEKORATION

Auf dem Markt wirkt der mit Lichtern geschmückte Weihnachtsbaum wie eine Attraktion, ein Sammel- und Treffpunkt, schön dekorativ in der Mitte aufgestellt. Es ist auch die vom Weihnachtsbaum geprägte unverwechselbare Atmosphäre, die Jung und Alt zur Vorweihnachtszeit auf die Märkte stürmen lässt. Sie wissen, was sie erwartet, und freuen sich jedes Jahr aufs Neue darauf, dass die Weihnachtsmärkte ihre Tore öffnen. Darauf, zu weihnachtlichen Klängen durch die verschneite Altstadt zu schlendern, auch wenn der Schnee vermutlich doch wieder ausbleiben wird. Darauf, die liebevoll dekorierten Verkaufsstände zu bewundern, Geschenke für die Liebsten auszusuchen und sich in der abendlichen Kälte bei einem Glas heißem Punsch wieder aufzuwärmen.

Und an den Verkaufsständen und Holzbuden finden sie noch immer Kerzen, Lichtergirlanden, Zuckerwerk, Lametta und vor allem die Wunderwerke der Glasbläserkunst, die goldenen, silbernen und roten Kugeln – in denen sich die ganze Weihnachtsstube spiegeln kann –, Vögel und andere Tiere aus Glas und Keramik, Nussknacker und Räuchermännchen, Engel aus Stroh, Stoff, Porzellan oder »Rauschgold« – und nicht zuletzt die zauberhafte Silberspitze für die Krönung des Baumes. Das alles können sie auf dem Weihnachtsmarkt kaufen, und es gibt nicht wenige Besucherinnen und Besucher, die jedes Jahr nach neuen Schmuckstücken Ausschau halten, welche dann dem »Familienschatz« hinzugefügt und für spätere Generationen aufbewahrt werden. Sie

wissen es auch zu schätzen, wenn sie alte Wachsengel, Holzgeschnitztes, Glaskugeln oder antikes Spielzeug von den Großeltern vererbt bekommen.

Weihnachten ist nicht zuletzt ein Fest der Dekoration, und der Weihnachtsmarkt der Fundus dafür. Es kann nicht bunt, hell, glänzend, strahlend, funkelnd genug sein. Und es gibt auch immer noch die traditionellen, kunsthandwerklichen Produkte regionaler Hersteller und Anbieter.

EIN BUCH ZUM STAUNEN

Dieses Buch will vor allem die romantische Seite von Weihnachten entdecken helfen, die Stimmung, die Freude, die Sinnlichkeit der weihnachtlichen Zeit zum Ausdruck bringen. Am Beispiel des Weihnachtsmarktes sollen sich Reichtum und Fülle weihnachtlicher Traditionen erschließen.

Daher lädt das Buch zu einem Besuch exemplarischer Weihnachtsmärkte verschiedener großer und kleinerer Städte. Zu einem Streifzug durch die Geschichte und Besonderheiten traditionsreicher Märkte und ihrer typischen Weihnachtsspezialitäten.

Vorfreude ist die schönste Freude, sagt man. Das gilt auch für Weihnachten, das große Fest zum Jahresende, auf das vier Wochen lang adventlich hin gefiebert wird. *Der Weihnachtsmarkt* will dazu beitragen, diese Vorfreude zu suchen und zu finden, sie zu genießen und zu schenken. Nicht mehr und nicht weniger. Für alles andere brauchen Sie nichts als Ihre Fähigkeit zu staunen, sich begeistern zu lassen und Ihr Herz zu öffnen, jedes Jahr von neuem.

Der Weihnachtsmarkt lebt
einzig und allein
von dem fragilen, jedoch
unzerstörbaren Glauben
an das Wunderbare. Er erzählt
jedes Jahr aufs Neue
eine magische Geschichte
von der Sehnsucht nach
Lichtern und Geheimnissen.

HERGANG

EINE REISE DURCH DIE ZEIT

Ehre sey Gott in der Höhe
Friede auf Erden.
L. R.
1855

EIN BLICK IN DIE VERGANGENHEIT

Tief ist der Brunnen der Vergangenheit, und dunkel sind die geschichtlichen Ursprünge auch des Weihnachtsmarkts. Seine Anfänge sind im Spätmittelalter zu suchen – bereits vor über sechshundert Jahren werden die ersten Wintermärkte im deutschsprachigen Raum erwähnt.

Vor noch nicht so langer Zeit wurden die Auseinandersetzungen, welcher Weihnachtsmarkt die längste Geschichte hat, mit deutscher Gründlichkeit und Streitlust geführt. Vor allem Bautzen und Dresden lieferten sich Gefechte um die Historie: Der erste Bautzener Wenzelsmarkt soll bereits 1384 stattgefunden haben, er geht zurück auf König Wenzel, welcher der Stadt das Recht verleiht, einen samstäglichen Fleischmarkt zwischen Michaeli (29. September) und Weihnachten abzuhalten. Der Dresdener Striezelmarkt wird zum ersten Mal 1434 urkundlich erwähnt wird, als der sächsische Kurfürst Friedrich II. der Stadt das Privileg einräumt, einen eintägigen Fleischmarkt durchzuführen – anfangs direkt vor oder am Heiligen Abend, dann am Montag vor Weihnachten.

Der Nürnberger Christkindlesmarkt und der Augsburger Lebzeltermarkt haben eine ähnlich lange Geschichte. Ein Wiener »Dezembermarkt« geht sogar auf ein der Stadt durch Herzog Albrecht I. von Österreich verliehenes Privileg aus dem Jahr 1296 zurück. Und auch in München gibt es bereits ab 1310 einen Nicolaimarkt in der Vorweihnachtszeit.

FASTENZEIT IM ADVENT

Bis in die frühe Neuzeit hinein ist Weihnachten noch eine weitgehend kirchliche Angelegenheit, ein Fest mit ausschließlich religiöser Bedeutung, das zu Hause und außerhalb der Gemeinde kaum begangen wird. In protestantischen Gegenden setzt sich der Weihnachtsmarkt eher und rascher durch als in katholischen Regionen, wo die Märkte zumeist nach Heiligenfesten benannt sind, an denen sie stattfinden, also Martini-, Michaeli- oder Nicolaimarkt. Hier gibt es noch keine weihnachtsspezifischen Waren, und auch Speisen und Getränke spielen auf den Märkten im katholischen Raum kaum eine Rolle, denn der Advent gilt als Fastenzeit und kennt entsprechende Abstinenzregeln.

Wie vor Ostern dauert sie vierzig Tage, sie beginnt nach Martini, also nach dem 11. November, und endet am Weihnachtstag. Die Adventssonntage, die keine Fastentage waren, bleiben unberücksichtigt – so kommt man auf die vierzigtägige adventliche Fastenzeit. Und so erklärt sich auch der Brauch, sich vorher noch einmal mit der »Martinsgans« etwas Deftiges, Fettes zu gönnen, bevor der Gürtel enger geschnallt wird.

DER WINTERMARKT ALS VERSORGUNGSMARKT

Sinn und Zweck der damaligen »Fleischmärkte«: der mittelalterlichen Stadtbevölkerung die Möglichkeit zu geben, sich nach den vorweihnachtlichen Fastentagen mit Fleisch für die Feiertage einzudecken. Der Zusammenhang dieser Märkte mit der Fastenzeit und dem bevorstehenden Weihnachtsfest ist offensichtlich. Erst 1917 schafft die katholische Kirche die im Advent gebotene Fasten- und Abstinenzzeit ab.

Jedenfalls haben die Märkte früher einen ganz anderen Stellenwert als heute. Sie sind kein netter Zeitvertreib oder eine Gelegenheit, sich mit regionalem Obst und Gemüse einzudecken und anschließend am Käsestand eine Auswahl für das Wochenende zu treffen. In früheren Zeiten ist der Markt etwas Besonderes, auch deshalb wird das Marktrecht von einem Marktherrn (König, Fürst oder Bischof) verliehen und geht mit besonderen Privilegien einher. Der Markt, sein Ort wie auch seine Besucher, stehen unter dem besonderen Schutz des Marktherrn; Marktrecht und Stadtrecht hängen im Mittelalter also eng zusammen.

Der Markt ist eine genuin städtische Erfindung, denn während die Landbevölkerung sich selbst ernähren kann, sind die Stadtbewohner auf die Versorgung durch die Bauern des Umlandes angewiesen – sie erwerben auf Märkten das, was sie zum täglichen Leben benötigen, aber nicht selbst herstellen können.

Besorgen, was man für Winter und Weihnacht so braucht – dafür ist man also vor Jahrhunderten auf den Wintermarkt gezogen. Mit dem heute so beliebten Weihnachtsmarkt hat er also nicht so viel zu tun, wie man annehmen oder wünschen könnte. In vielen Städten und größeren Dörfern finden vor dem Wintereinbruch solche Märkte statt, auf denen die Bürgerinnen und Bürger notwendige Lebensmittel und Gebrauchsgegenstände für die bevorstehende kalte Jahreszeit kaufen können: Fleisch und Getreide sind im Angebot, aber auch Felle, Talglichter und sonst alles, was zum Überleben in den langen Wintermonaten unerlässlich ist. Für die Städter sind diese Märkte eine Versorgungs-, für die Bauern und Händler eine wichtige Einnahmequelle.

DAS MARKTTREIBEN

Später dann, im vierzehnten Jahrhundert, wird auch Handwerkern – wie zum Beispiel Schustern, Korbflechtern und Zuckerbäckern – erlaubt, auf dem Markt ihre Waren zum Verkauf anzubieten, noch später kommen auch Spielzeugmacher hinzu. Weil es zumeist schon sehr frostig ist, gibt es bald auch bereits die ersten Verkaufsstände mit heißen gerösteten Mandeln, Nüssen und Maronen. Den Hunger auf Süßes stillen die Kuchenbäcker und Lebzelter. Und oft sorgen schon im Mittelalter fahrende Musikanten für musikalische Unterhaltung und ein »zünftiges Jahrmarktsgefühl«.

Ein Markt ist also bald schon mehr als ein reiner Umschlagplatz zur Versorgung mit lebensnotwendigen Waren. Besonders Jahrmärkte, die eben nur selten, zumeist – wie ja auch der Weihnachtsmarkt – nur einmal im Jahr stattfinden, werden als besonderes Ereignis empfunden, das entsprechend gefeiert wird. Mit erwartungsvollem Hochgefühl kommen die Menschen auf den Markt, nicht nur um einzukaufen, sondern auch zur Geselligkeit, Belustigung und Unterhaltung. Hier finden sie seltene Waren, Stoffe, Schmuck und Seifen, werden Gewürze und Leckereien angeboten, die nicht alltäglich auf dem Speisezettel stehen. Hier zeigen Schausteller und Sänger ihr Können, und an diesen besonderen Tagen sitzt das Geld eben immer etwas lockerer.

Als die Wintermärkte sich zu Weihnachtsmärkten entwickelt haben, bleiben vom Fleisch nur noch Bratwurst oder Spießbraten übrig – zum sofortigen Verzehr natürlich, damit wartet man nicht mehr bis Weihnachten. Das Angebot wird im Laufe der Jahre und Jahrzehnte immer vielfältiger, ergänzt vor allem durch weihnachtliche Spezialitäten und regionale Köstlichkeiten: Striezel (Christstollen) in Dresden, Spekulatius in Köln, Lebkuchen in Nürnberg, Marzipan in Lübeck, Printen in Aachen, Pfannkuchen in Berlin, um nur ein paar Beispiele zu nennen.

Ein gewisser Wohlstand sowie ein neu entstehendes Verständnis für den Wert der Familie führen im Laufe des achtzehnten Jahrhunderts dazu, dass sich Weihnachten vom kirchlichen Fest zu einem bürgerlichen Familienfest entwickelt.

Nun wird die Frau vollends zum Mittelpunkt der häuslichen, der »privaten« Sphäre. Die gemeinschaftlich arbeitende große Wirtschaftsfamilie ist weitgehend passé, die Kleinfamilie mit nur zwei Generationen bringt neuartige Beziehungen zwischen Familienmitgliedern, vor allem zwischen Eltern und Kindern, mit sich.

»Im Unterschied zu früheren Zeiten«, schreibt Christa Lorenz, »als die Kinder in die Erwachsenenwelt hineinwuchsen, ohne dass ihnen im Allgemeinen besonderes Interesse zugewandt wurde, schenkte man nunmehr der Bildung und Erziehung der Kinder große Aufmerksamkeit. Mit ›Liebe und Strenge‹ wurden bürgerliche Tugenden geübt, wobei auch Spielzeug – mehr oder weniger als pädagogisches Mittel – einbezogen wurde. Der Begriff ›Kinderstube‹ bezeichnete nicht nur den eigenen Bereich des Kindes innerhalb des geordneten Familienlebens, sondern wurde gleichbedeutend mit guter bürgerlicher Erziehung. Durch die Zurückgezogenheit auf Familie und Häuslichkeit bildete sich um die Frau, die Mutter, ein gefühlsmäßig geprägter Lebensbereich, und in diesem Kontext

bekam letztlich auch das Weihnachtsfest seine spezifische Funktion.«

Bereits um 1800 ist das Weihnachtsfest mehr oder weniger verweltlicht, der Besuch kirchlicher Feiern und Gottesdienste eine eher nebensächliche Angelegenheit. Jetzt wird es immer mehr zu einem Fest für die Kinder. In E.T.A. Hoffmanns Märchen *Nußknacker und Mausekönig* aus dem Jahr 1816 wird Weihnachten schon als Geschenkfest für Kinder geschildert: das Warten auf die Bescherung in der Abenddämmerung, das knisternd Geheimnisvolle und schließlich das überwältigte Staunen angesichts des strahlenden Lichterbaums mit den darunter liegenden Geschenken.

Im Laufe des neunzehnten Jahrhunderts erreicht die bürgerliche Weihnachtsauffassung nach und nach alle Schichten der Bevölkerung. »Das Fest mit jubelnder Freude und stimmungsvoller Besinnlichkeit galt nunmehr allgemein als einer der Höhepunkte des Familienlebens, wobei der gesamte Ablauf, häufig auch der Kirchenbesuch, nur noch den Rahmen für die Bescherung darstellte«, fasst Christa Lorenz zusammen.

In der Geschichte *Der Weihnachtsabend der Familie Thalberg* aus dem Jahr 1805 wird das bürgerliche Fest – und auch der Besuch auf dem Weihnachtsmarkt – in Wort und Bild illustriert. »Wohltun bringt Segen« haben die Thalbergs ihren Kleinen beigebracht, und so lässt das Erfreuen der armen Nachbarskinder mit einigen Äpfeln und einfachem Spielzeug die Freude an den eigenen kostspieligeren Geschenken erst vollkommen werden. Bürgerliche Familienphilosophie par excellence.

»Es war ein allgemeines Leben auf dem Markte von Kindern und Erwachsenen, die zwischen den Budenreihen auf und abgingen, oder vor den Buden standen, und besahen oder kauften.«

»Eine Bude, in welcher fast lauter aus Holz gearbeitete Spielwaren für Kinder sich fanden, machte unserm Kleinen das meiste Vergnügen; besonders waren die bekanntesten Tiere aus Holz gearbeitet, vorhanden.«

»Jedes war jetzt nur damit beschäftigt, alle seine Herrlichkeiten einzeln zu besehen, und konnte, wenn alles ein- und noch einmal betrachtet, und in die Hände genommen war, doch nicht mit sich einig werden, welches ihm das Liebste sei, und für den Augenblick behalten werden sollte.«

»Thalbergs Kinder ergötzten sich an der stummen verlegenen Freude der kleinen Nachbarn. Einmal hatten sie die Freude des Wohltuns empfunden, und so wollten sie auch jetzt noch dieselbe vermehren.«

Ende des achtzehnten Jahrhunderts, als sich Weihnachten zunehmend vom kirchlichen Hochfest zum bürgerlichen Familienfest entwickelt, ist der Weihnachtsmarkt längst vom Versorgungsmarkt zum stimmungsvollen Vergnügen geworden. In der Mittel- und Oberschicht gewinnen zu Weihnachten geselliges Beisammensein und Geschenke für die Kinder an Bedeutung, entsprechend groß und vielfältig wird das Angebot auf dem Weihnachtsmarkt, an Speisen und Getränken, aber auch an Spielzeug, Christbaumschmuck und holzgeschnitztem Kunsthandwerk. Die ersten Krippen kommen zu Beginn des siebzehnten Jahrhunderts von Italien aus in die Länder jenseits der Alpen. Noch heute können gelegentlich auf Weihnachtsmärkten Krippen mit lebenden Schafen, Ziegen und Eseln besichtigt werden. Und das Krippenspiel erobert die Weihnachtsfeiern in Kirche und Privathaus.

DER WEIHNACHTSMARKT ALS MASSENPHÄNOMEN

Mit dem im neunzehnten Jahrhundert einsetzenden gesellschaftlichen Wandel durch die Industrialisierung ändert sich das Erscheinungsbild der Weihnachtsmärkte, die immer vielfältiger, voller und trubeliger werden. Schon bald wirkt Ludwig Tiecks Schilderung der »guten alten Zeit« des Weihnachtsmarkts wie ein melancholischer Rückblick. Philipp Glahé zufolge gerät »in den rasant anwachsenden Industriestädten wie Berlin der einst beschauliche Markt zu einem für Polizei und Behörden kaum noch zu kontrollierenden Massenphänomen. Die sozialen Missstände der Gesellschaft zeigten sich zunehmend auch im Herzen der vermeintlich heilen Welt. Hunderte von Bettlern, Invaliden und illegalen fliegenden Händlern machten sich nun auf den Märkten breit und es kam zu unschönen Zusammenstößen mit den Marktbesuchern.« 1893 wurde der Berliner Markt deshalb vom Berliner Schloss in entferntere Bezirke verlegt. Und auch in anderen Städten mussten die Weihnachtsmärkte wegen des gestiegenen Andrangs von ihren historischen Plätzen weichen.

Mit dem Blick des Satirikers und einem leichten Augenzwinkern illustriert diese Entwicklung Carl Rechlin Sohn (1836 bis 1882) in einem Holzstich des Berliner Weihnachtsmarktes von 1866 (siehe Abbildung auf der gegenüberliegenden Seite). »Anders als noch in Hoffmanns Stich des Frankfurter Christkindchesmarktes zeigt sich hier bereits eine deutliche Vermassung des Marktes, der mit sozialen Konflikten einhergeht«, deutet Philipp Glahé dieses Bild. »Statt idealisierter Ruhe und Ordnung dominiert hier ein chaotisches Durcheinander. Im Zentrum steht ein wohlhabendes Paar in Pelzmänteln, das sich deutlich abhebt vom inzwischen ärmeren Publikum des Marktes. Es wird von einem Jungen, der als fliegender Händler auf dem Markt arbeitet, bedrängt. Rechts im Bild fasst ein Polizist einen anderen Jungen, der ebenso ein illegaler fliegender Händler ist. Zwei rangelnde Hunde im Bildvordergrund unterstreichen die unruhige Szene nur noch.«

VERÄNDERUNGEN UND TRADITIONEN

Die »goldene Zeit« des Weihnachtsmarktes findet ihr Ende. Nach dem Ersten Weltkrieg ist vom früheren Glanz nichts mehr übriggeblieben, der Weihnachtsmarkt verliert rapide an ökonomischer Bedeutung, zumal die großen Kaufhäuser ihren Siegeszug längst angetreten haben und Spielzeug und andere Geschenkartikel dort viel billiger zu haben sind als auf dem Markt. Da die frühere Versorgungsrelevanz verlorengegangen ist, versucht man, Folklore,

Heimat und regionale Verbundenheit zu betonen und mit der Entwicklung zu größeren Schau- und Erlebniswerten Schritt zu halten. Auf den Weihnachtsmärkten gibt es zunehmend auch Karussells und andere einfache Fahrgeschäfte, Kinematographen, sogar Kinos. In feierlichen Zeremonien zur Eröffnung wird jetzt die bürgergesellschaftliche Bedeutung betont, der Markt wird überhaupt traditionsbewusster: Die zuvor ziemlich einfach zusammengezimmerten Stände werden nun in einem vermeintlich »altdeutschen Stil« ausgeschmückt. Idealbild wird die »gute Stube« mitten in der Stadt, das »Weihnachtsdorf« als Miniaturidyll einer nostalgischen Erinnerung, »wie es früher einmal war« beziehungsweise gewesen sein soll.

Unter der Herrschaft des Nationalsozialismus, so resümiert Philipp Glahé, »erlebte der Weihnachtsmarkt eine ideologische Aufladung, Politisierung und Umdeutung weg vom christlichen zum heidnischen Winterfest, was die seit dem neunzehnten Jahrhundert einsetzende Säkularisierung in der Weihnachtssymbolik stark beschleunigte. Ab 1939 gab es sogar Richtlinien für Fliegeralarm für die Marktbesucher, ehe der Krieg und die wirtschaftlich schwierige Nachkriegszeit abermals zu einem rapiden Rückgang der Weihnachtsmärkte führte.« Trümmerfrauen, Kriegsheimkehrer und Schlüsselkinder hatten zunächst andere Sorgen und Bedürfnisse.

DIE RENAISSANCE DES WEIHNACHTSMARKTES

Erst in den 1960er Jahren erlebt der Weihnachtsmarkt ein »Revival« und findet schließlich zu den Formen, wie wir sie heute kennen. Man ist aus dem Gröbsten heraus, erlebt das Wirtschaftswunder wie eine Wiedergeburt, idealisiert und verklärt aber auch die »gute alte Zeit«, denn früher war bekanntlich alles besser. Auch das Interesse am Weihnachtsmarkt flammt wieder auf, er wächst Jahr für Jahr, erobert sich immer mehr Plätze in den Innenstädten. Seit den 1990er Jahren explodieren die Zahlen der Märkte wie ihrer Besucherinnen und Besucher.

Philipp Glahé hält in seiner *Kurzen Geschichte eines Sehnsuchtsortes* die »scheinbar ›urdeutsche Tradition‹ des Weihnachtsmarktes, mit der sich viele deutsche Städte schmücken«, für eine Fiktion: »In Wirklichkeit sind die Weihnachtsmärkte in der heutigen Form ein Phänomen der modernen Konsumgesellschaft der 1960er Jahre.« Er sieht daher die »Traditionsheischerei in Dekoration und Aufmachung heutiger Weihnachtsmärkte« kritisch. In den sechziger und siebziger Jahren des vorigen Jahrhunderts führen – einhergehend mit wachsendem gesellschaftlichen Wohlstand – Konsumgesellschaft und Massenmotorisierung zu einem Siegeszug des Marktes sondergleichen: »Von nun an setzten sich die Märkte innerhalb weniger Jahrzehnte selbst im kleinsten Dorf durch, wurden zu Touristenattraktionen

und auch im Ausland weltweit nachgeahmt. Abermals erwiesen sie sich als ein zuverlässiger Spiegel gesellschaftlicher Sehnsüchte. Die deutsche Nachkriegsgesellschaft hatte vielerlei soziale Umbrüche zu überstehen. Der Gang der Welt beschleunigte sich, soziale Hierarchien wurden in Frage gestellt, althergebrachte Bräuche und Strukturen verloren zunehmend an Sinn und Aktualität. Doch eines schien zu bleiben: der Weihnachtsmarkt.«

Allerdings blieb er nicht nur einfach (schon gar nicht, wie er einmal war), er wurde »zum neuen Konsumort, an dem anders als zuvor insbesondere Speisen und Getränke dominierten«. Der Glühwein wird definitiv zum beliebtesten Getränk. Man entgeht ihm nicht, sein Duft, seine zahllosen Verkaufsstände, sein feierfreudiges Publikum sind bald allgegenwärtig. Gleichzeitig wird an eine kulturell-historische Tradition angeknüpft, die es so oftmals gar nicht gab: »Weihnachtsmärkte, die in den meisten Orten erst seit wenigen Jahrzehnten existieren, gruppieren sich gern in historischem Ambiente um Kirchen und Altstädte. Vermeintlich traditionelle Speisen und Getränke werden zum Verzehr angeboten, die zwar auch eine lange mit der Weihnachtszeit verbundene Geschichte haben mögen, jedoch nie in der Fastenzeit konsumiert worden wären« (Philipp Glahé).

Der Advent – früher eine Zeit der Besinnung und des Fastens – wird geradezu konterkariert: Er hat sich von einer Zeit der Besinnlichkeit, der inneren Erwartung und stillen Vorfreude zu einer Zeit des Genießens und Schlemmens, des Feierns und Über-die-Stränge-Schlagens entwickelt. »Alkohol in Verbindung mit lauter Musik, Fahrgeschäfte, Schlittschuhbahnen und sonstige Weihnachts-Events verdrängten die christliche Motivik früherer Marktdekorationen«, moniert Philipp Glahé. »Hatten zuvor Krippendarstellungen, Heiligen- und Christkindfiguren oder Sterne in der Weihnachtssymbolik auf den Märkten dominiert, werden diese immer mehr durch nichtchristliche Elemente wie Schneeflocken, Rentiere, Tannengrün oder Weihnachtsmänner ersetzt. Die Tendenz weist schon seit Langem auf die Entwicklung weg vom christlichen Weihnachts- hin zum jahreszeitlichen Wintermarkt, ganz im Einklang mit dem Rückgang der religiösen Bedeutung des Weihnachtsfestes als solchem.«

Dies ist ein unbestreitbarer Bedeutungswandel, den man bedauern kann, jedoch akzeptieren sollte. Es wäre reine Fassade, wollte man heute noch auf dem Weihnachtsmarkt mittelalterliche Volksfrömmigkeit simulieren. Er war und ist ein Spiegel großer gesellschaftlicher Umwälzungen und eines tiefgreifenden Bedeutungswandels.

Ein Weihnachtsmarkt sollte heute nicht als Museum missverstanden werden. Es ist nicht verkehrt, an große Traditionen der mittelalterlichen Bürgergesellschaft zu erinnern, und auch Reminiszenzen an historische Vorbilder haben ihre Berechtigung und ihren Stellenwert. Man darf schon die Geschichte zitieren, auch auf dem Weihnachtsmarkt. Man darf sich der Tradition vergewissern, ohne sie bloß zu beschwören und geschichtsvergessen abzubilden. Weihnachten wird nie restlos zeitgemäß sein, und der Markt, der seinen Namen trägt, ein Gefühl bleiben. Dieses Gesamtkunstwerk wird immer auch von seiner Nostalgie leben, ohne die er keine Zukunft hat. Er wird nie so ganz in der Gegenwart ankommen. Wir suchen auf ihm Heimat und Heimeligkeit, für ein paar Stunden den Abglanz einer Welt, in der wir niemals waren und deren Widerschein wir doch brauchen.

WEIHNACHTEN

Markt und Straßen stehn verlassen,
Still erleuchtet jedes Haus,
Sinnend geh ich durch die Gassen,
Alles sieht so festlich aus.

An den Fenstern haben Frauen
Buntes Spielzeug fromm geschmückt,
Tausend Kindlein stehn und schauen,
Sind so wunderstill beglückt.

Und ich wandre aus den Mauern
Bis hinaus ins freie Feld,
Hehres Glänzen, heil'ges Schauern!
Wie so weit und still die Welt!

Sterne hoch die Kreise schlingen
Aus des Schnees Einsamkeit
Steigt's wie wunderbares Singen –
O du gnadenreiche Zeit!

JOSEPH VON EICHENDORFF

DURCHGANG

NOSTALGISCHE ERINNERUNGEN

ERINNERUNGEN IN BILDERN UND GESCHICHTEN

Ein mittelalterlicher Markt, Schnee ist gefallen, vor ihren Läden haben Händler Auslagen gebaut. Ein nobel gekleidetes Paar hat sich mit Weihnachtskäufen eingedeckt, der Herr trägt ein Tannenbäumchen in seinem linken und Spielzeug im rechten Arm, die Dame ein Steckenpferd. Vielleicht kaufen sie jetzt noch etwas Gebäck und Zuckerwerk. Im linken Bilddrittel sehen wir ein ärmliches Paar, der Mann zieht ein Ferkel hinter sich her (er wird es wohl gekauft haben und hier nicht spazieren führen) und trägt ebenfalls ein Bäumchen, die Frau (mit Brot und Weidenkorb) blickt dem vornehmen Paar nach.

Es wirkt wie ein spätmittelalterliches Tafelbild, doch der Weihnachtsbaum wurde erst im achtzehnten Jahrhundert populär, und der Maler heißt Georg von Rosen, ein schwedischer Graf, er hat von 1843 bis 1923 gelebt. Zwar hat er seinem Bild den Titel *Julmarknad* (Weihnachtsmarkt) gegeben, und es zeigt auch einen solchen Markt, doch ist es eine Phantasie, keine zeitgenössische Illustration. Der Historismus – eine Epoche in der zweiten Hälfte des neunzehnten Jahrhunderts – hat sich architektonisch, aber auch künstlerisch immer wieder von Zeugnissen vergangener Zeiten inspirieren lassen. Ein Beispiel für solche Reminiszenzen sind die seinerzeit vielerorts gebauten neugotischen Kirchen, aber auch Bilder, in denen eine »unverfälschte«, authentische Vergangenheit beschworen und überhöht wurde, in einer Melange aus Genauigkeit und Sentimentalität.

Julmarknad von Georg von Rosen ist ein solches Bild. Es zeigt nicht einen Weihnachtsmarkt im Spätmittelalter, sondern wie sich der Maler Jahrhunderte später einen solchen Markt vorgestellt hat. Es ist seine Phantasie, seine Imagination einer Epoche, deren Geschichte er mit seinen Mitteln erzählen und illustrieren will.

REMINISZENZ AN DAS BIEDERMEIER

Einen Bummel über den Weihnachtsmarkt zeigt uns auch das Bild *Unsere Großmütterchen auf dem Weihnachtsmarkt*. Der Illustrator Werner Zehme (1859 bis 1924) hat hier ebenfalls eine stimmungsvolle Reminiszenz geschaffen, ähnlich der vielen nostalgischen Zeichnungen, die er in den 1890er Jahren für Zeitschriften wie *Die Gartenlaube* anfertigte. Wie oft in seinem Werk entwirft er hier jedoch keine damals zeitgenössische, sondern eine historische Szene. Denn sein Bild zeigt keine älteren Damen, wie der Titel erwarten lässt, sondern junge Frauen, nämlich die »Großmütter« seiner Generation, wie sie um 1815 ausgesehen haben. »Sie trugen«, bemerkt die Kunsthistorikerin Birgit

Poppe, »wie hier zu sehen, für die damalige Zeit sehr modische Kleider mit auffallenden Kragen und weitgeschnittene Röcke mit verzierten Volants. Diese waren anders als vorher nur noch knöchellang, sodass die Schuhe der Frauen darunter hervorschauten. Dazu gehörten weite, umhangähnliche Mäntel und Pelerinen. Auffällig sind zudem die großen Schutenhüte in ausladenden Formen, die mit einem Band unter dem Kinn befestigt wurden.« Diese Kopfbedeckungen, die sich aus der bürgerlichen Mode des Rokoko entwickelten, gelten ab 1800 als besonders schick. Charakteristisch für das Biedermeier, sind sie zur Entstehungszeit der Zeichnung jedoch längst unmodern.

»Die beiden jungen Damen stehen sich offensichtlich sehr nah und genießen das Gefühl, zu zweit an den geschmückten Buden vorbei zu flanieren und ausgiebig zu schauen und etwas einzukaufen. Sie waren diesbezüglich wohl auch schon erfolgreich, denn sie halten einige Päckchen in ihren Händen. Zufrieden schauen sie einander an, mit einem leichten Lächeln eilen sie heiter und beschwingt zusammen weiter. Im Hintergrund sind noch zwei weitere Frauen am Verkaufstresen einer Bude auszumachen, die geschäftig ihre Köpfe zusammenstecken. Wahrscheinlich suchen auch sie sich gerade etwas Schönes aus.«

Auch dieses Bild dokumentiert den oft verklärten Blick auf den Weihnachtsmarkt, wie er schon im neunzehnten Jahrhundert die Ikonographie dieses Sujets prägte. Schon damals sind die Künstler oft um historische Anmutung bemüht, als gelte es, noch einmal etwas Romantisches und Beglückendes zu beschwören oder in Erinnerung zu rufen.

In seiner Autobiographie *Dichtung und Wahrheit* – die er selbst ein »Märchen« nennt und in dem er vor allem die Erlebnisse seiner Jugendzeit bis zu den ersten schriftstellerischen Erfolgen verarbeitet –, schlägt auch Johann Wolfgang von Goethe (1749 bis 1832) sentimentale Seiten auf: Er bewundert »das Wogen und Treiben, das Abladen und Auspacken der Waren«, die »in den sämtlichen Kinderköpfen jederzeit eine unglaubliche Gärung hervorbrachten.« Wie auch in seinem entzückenden Gedicht *Kindlein, kauft ein* (auf der folgenden Seite) ist der Weihnachtsmarkt schon zu einer Art Illusionsmaschine geworden, die mitten in den Umbrüchen einer nur scheinbar ruhigen Zeit Bilder von einem idyllischen Ort des sozialen Friedens und des materiellen Wohlstands entwirft.

KINDLEIN, KAUFT EIN!

Kindlein, kauft ein!
Hier ein Hündlein,
hier ein Schwein.
Trommel und Schlegel,
ein Rennpferd, ein Wägel,
Kistchen und Pfeifer.
Kutschen und Läufer,
Husar und Schweizer,
um ein paar Kreuzer
ist alles Dein.
Kindlein, kauft ein!

JOHANN WOLFGANG VON GOETHE

EINE WEIHNACHTLICHE ERINNERUNGSPHANTASIE

Bevor Georg von Rosen sein Bild malt und nachdem Johann Wolfgang von Goethe sich in seine Kindertage zurückträumt, hat das romantische Universalgenie Ludwig Tieck (1773 in Berlin geboren, 1853 dort gestorben) vom Weihnachtsmarkt ein viel realistischeres Bild geschildert. Weniger von Idylle bestimmt, mehr von Realismus. In seiner Erinnerung ist der Weihnachtsmarkt schon kommerziell geworden, das Erlebnis weniger beschaulich als vielmehr turbulent.

Ludwig Tiecks Einfluss auf die Romantik ist nicht zu unterschätzen. Mit dem Roman *Franz Sternbalds* Wanderungen legt er eine im altdeutschen Butzenscheiben-Nürnberg der Dürerzeit angesiedelte Bildungsgeschichte vor, umrankt von Kunstgesprächen in romantischem Geist und stimmungsvollem Freundschaftskult. Seine größte Leistung liegt in der Erneuerung volkstümlicher Dichtung, vor allem der Märchen, und eben in der Wendung zum Realismus: In *Des Lebens Überfluß* singt er ein Loblied auf die Kunst des stilvollen Verarmens und der fröhlichen Bedürfnislosigkeit.

So gilt Ludwig Tieck zu seiner Zeit als »der König der Romantik« (Friedrich Hebbel), charmant, liebenswürdig, ein allgegenwärtiges Allroundgenie im Kulturbetrieb der Restauration. Flink und gewitzt erkennt er Trends und nimmt sie auf, sein Repertoire reicht vom

märchenhaften Stimmungsbild über die stets reizbare romantische Phantasie bis zu Fragen, die auch die Autoren des Vormärz beschäftigten: Toleranz, Klassen- und Ständegegensätze, Frauenemanzipation.

Seine erzählerische Reminiszenz *Weihnacht-Abend* ist einer der frühesten Weihnachtsgeschichten überhaupt: Hier lässt er einen Freund von den Sitten und Gebräuche im Berlin der Wende zum neunzehnten Jahrhundert erzählen. Hintergrund der Novelle bildet der große Weihnachtsmarkt an der Breiten Straße – hier tummeln sich die Menschen am Heiligen Abend des Jahres 1791, und hierhin richten sich die sehnsüchtigen Blicke eines kleinen Mädchens, das mit seiner Mutter in einer nahegelegenen Dachkammer wohnt. Minchen und ihre Mutter wollen, trotz ihrer ärmlichen Lebensverhältnisse, an einem Stand ein paar Geschenke

für den Heiligen Abend erwerben. Als sie endlich fündig geworden sind, ist plötzlich der mühsam ersparte Taler verschwunden. Tief enttäuscht kehren beide in ihre Stube zurück.

Das Schicksal dieser kleinen Familie und die glückliche Auflösung, das »Weihnachtswunder«, erzählt Tieck in einem zauberhaften Ton. Er richtet auch unseren Blick auf den »Markt und die Ausstellung, wo die Eltern für die Kinder oder sonst Angehörigen, Spielzeug, Näschereien und Geschenke zum Weihnachtsfeste einkauften«. Schon damals, also gegen Ende des achtzehnten Jahrhunderts, wurden in Berlin Buden aufgebaut und »mit glänzendem Tand als Markt für das Weihnachtsfest ausgeschmückt«. »Vierzehn Tage vor dem Feste begann der Aufbau, mit dem Neujahrstage war der Markt geschlossen, und die Woche vor der Weihnacht war eigentlich die Zeit, in welcher es auf dem beschränkten Raum der Stadt am lebhaftesten herging, und das Gedränge am größten war. Selbst Regen und Schnee, schlechtes und unerfreuliches Wetter, auch strenge Kälte konnten die Jugend wie das Alter nicht vertreiben. Hatten sich aber frische und anmutige Wintertage um jene Zeit ein-

gefunden, so war dieser Sammelplatz aller Stände und Alter das Fröhlichste, was der heitre Sinn nur sehen und genießen konnte.«

Schon damals war der Weihnachtsmarkt am schönsten, »wenn kurz zuvor Schnee gefallen, und bei mäßigem Frost und heiterem Wetter liegen geblieben war (...) Um die Mittagsstunde wandelten dann wohl die vornehmen Stände auf und ab, schauten und kauften, luden den Bediensteten, welche ihnen folgten, die Gaben auf, oder kamen auch nur wie in einem Saal zusammen, um sich zu besprechen und Neuigkeiten mitzuteilen. Am glänzendsten aber sind die Abendstunden, in welchen diese breite Straße von vielen tausend Lichtern aus den Buden von beiden Seiten erleuchtet wird, dass fast eine Tageshelle sich verbreitet, die nur hie und da durch das Gedränge der Menschen sich scheinbar verdunkelt. Alle Stände wogen fröhlich und laut schwatzend durcheinander. Hier trägt ein bejahrter Bürgersmann sein Kind auf dem Arm, und zeigt und erklärt dem laut jubelnden Knaben alle Herrlichkeiten. Eine Mutter erhebt dort die kleine Tochter, dass sie sich in der Nähe die leuchtenden Puppen, deren Hände und Gesicht von Wachs die Natur anmutig nachahmen, näher betrachten könne. Ein Kavalier führt die geschmückte Dame, der Geschäftsmann lässt sich gern von dem Getöse und Gewirr betäuben, und vergisst seiner Akten.«

Und selbst die ärmsten Kinder – wie das kleine Minchen – »durften Hoffnung haben, dass irgendetwas für sie aus der vollen Schatzkammer in die kleine Stube getragen werde«.

Dieser Berliner Weihnachtsmarkt war jedoch damals schon alles andere als ein stilles und besinnliches Vergnügen: Tausende, so erzählt es Tiecks Freund, spazierten durch die engen Budengassen, »scherzend, mit Plänen zu kaufen, erzählend, lachend, schreiend, den süßduftenden mannigfaltigen Zucker- und Marzipan-Gebäcken vorüber, wo Früchte, in reizender Nachahmung, Figuren aller Art, Tiere und Menschen, alles in hellen Farben anstrahlend, die Lüsternen anlacht; hier ist eine Ausstellung wahrhaft täuschenden Obstes, Aprikosen, Pfirsiche, Kirschen, Birnen und Äpfel, alles aus Wachs künstlich geformt; dort klappert, läutet und schellt in einer großen Bude tausendfaches Spielzeug aus Holz in allen Größen gebildet.«

Wer meint, früher sei doch alles sozusagen in einer Art gemütvollem Naturzustand gewesen, noch wenig kommerzialisiert, wird durch diese Schilderung eines Besseren belehrt: »Wurde man schon auf eigne, nicht unangenehme Weise betäubt, von all dem Wirrsal des Spielzeuges, der Lichter und der vielfach schwatzenden Menge, so erhöhten dies noch durch Geschrei jene umwandelnden Verkäufer, die sich an keinen festen Platz binden mochten, diese drängen sich durch die dicksten Haufen, und schreien, lärmen, lachen und pfeifen, indem es ihnen weit mehr um diese Lust zu tun ist, als Geld zu lösen.«

Diese »Volksfeierlichkeit« sei noch kurz vor der Jahrhundertwende vielleicht noch »vollkommen« gewesen, schon wenige Jahre später sei der Weihnachtsmarkt jedoch zu einem Triumph des merkantilen Luxus verkommen: Da wurden Läden eingerichtet, »die die teureren und gleichsam vornehmeren Spielzeuge zur Schau ausstellten. Zuckerbäcker errichteten in ihren Häusern anlockende Säle, in welchen man Landschaften aus Zuckerteig, oder Dekorationen, später ganze lebensgroße mythologische Figuren, wie in Marmor ausgehauen, aus Zucker gebacken sah. Ein prahlendes Bewusstsein, ein vornehmtuendes Überbieten in anmaßlichen Kunstproduktionen zerstörte jene kindliche und kindische Unbefangenheit, auch musste Schwelgerei an die Stelle der Heiterkeit und des Scherzes treten.«

DER WEIHNACHTSMARKT ALS VOLKSVERGNÜGEN

Wir finden in all diesen erinnerungsseligen Bildern und Geschichten bereits alle Elemente des Weihnachtsmarktes: Trubel und Marktschreierei in den Budengassen, ein Angebot des Überflusses für alle Stände und Klassen, die dieses »Volksvergnügen« zusammenführte, wie es auch der Romanschriftsteller Willibald Alexis (1798 bis 1871) in seinem *Rückblick auf den Berliner Weihnachtsmarkt 1835* feierte: »Noch immer ist der Weihnachtsmarkt der Tummelplatz der gesünderen Berliner Lustbarkeit und wimmelt von dem Augenblick an, wo die Lichter angezündet werden, von bewegten, frohen Gesichtern. Es ist nicht allein das Ergötzen der Kinderwelt, sondern auch der ärmeren, diensttuenden Klassen. Eine Herrschaft, welche ihren Domestiken den Gang nach dem Markte abends verweigern wollte, übte eine unerhörte Tyrannei. Die

kleine Betriebsamkeit setzt ihre ganze Hoffnung auf diese eine Ernte, und ihre Bitten zum Himmel sind nur auf klares Frostwetter auf die Woche vor dem Christfest gerichtet.

Es mag noch so kalt sein, die Verkäufer und Verkäuferinnen, in Pelze gehüllt, mit Kohlenbecken zu den Füßen, trotzen dem Froste. Hier hat einmal die Poesie im Verkehr den Sieg über die Industrie davongetragen;

denn wie klar ließe sich beweisen, dass dieser Markt auf offener Straße bei Nachtzeit und in der ungünstigsten Jahreszeit unnütz ist, dass Verkäufer und Käufer bequemer in den Kaufläden der warmen Häuser ihre

nötige Ware holen und absetzen könnten. Aber das Volk will den Weihnachtsmarkt, und er bleibt nach wie vor in hölzernen Buden auf der alten breiten Straße, nur dass von Jahr zu Jahr neue Abzweigungen und neue Budengassen aufwachsen.

Mit solcher Pietät hält die Bürgerklasse daran, dass sie ihre Weihnachtsbedürfnisse in den alten flimmernden Buden kaufen, obgleich oft nur ein paar Schritte dahinter in den großen Läden dieselben Sachen zum Fabrikpreise wohlfeiler zu haben sind. Man muss dem Weihnachten seinen Verdienst gönnen, heißt es, und man tadelt die Reicheren, welche ihre größeren Einkäufe mit merkantilischer Berechnung bei den Kaufleuten und Fabrikanten bewerkstelligen. Nur regnerisches Wetter ist der Verderb des Weihnachtsmarktes; dann jammert die halbe Stadt, nicht sowohl um das gestörte Vergnügen, als um die armen Leute, die um ihren Verdienst kommen.«

Auch diese »Weihnachtsmarkt-Erinnerung« kommt nicht ohne sozialkritischen Blick aus. Der schon offensichtliche Widerspruch zwischen magischer Inszenierung und merkantiler Ausrichtung wird den Weihnachtsmarkt durch die folgenden Jahrzehnte bis zur Gegenwart begleiten.

EINE NOSTALGISCHE ERINNERUNG

Eine nostalgische Einstimmung zur Adventszeit in der Haupt- und Residenzstadt Wien schenkt uns die englische Romanautorin und Reiseschriftstellerin Frances Trollope (1780-1863) in ihren detailgenauen, farbigen und bisweilen ironischen Reiseschilderungen: »Seit einigen Tagen herrscht in der ganzen Stadt ein mehr als reges Treiben, das den

Vorbereitungen zum Weihnachtsfest gilt. Die Kaufleute wetteifern untereinander, welcher von ihnen die verlockendste Auswahl erlesener Dinge auszustellen vermag. Obwohl London und Paris ausgedehnter sind und dadurch auch größere Geschäfte, ja Ausstellungssäle zur Verfügung stehen, vermögen sie doch nichts Besseres und Schöneres zu bieten, als man hier zu sehen bekommt. (...) Die Fenster der Zuckerbäcker prangen hier nicht mit majestätisch aufgeschichteten und prächtig verzierten Christmas-Cakes wie bei uns. Stattdessen gibt es aufgereiht Bonbonnieren aller Art, welche die Augen blenden, denn es flimmert und funkelt wie in Grotten mit tausend Kristallen. Die Kunst, mit Zucker zu arbeiten, wird nirgends, selbst nicht in Paris, mit größerer Vollkommenheit beherrscht als hier.«

Doch auch draußen, unter freiem Himmel, macht Frances Trollope ihre Beobachtungen in Wien. »An jeder Straßenecke sieht man Frauen aus den niedrigen Ständen um Christbäume feilschen, die mit buntem Papier herausgeputzt sind. Diese Bäume werden in jeder Größe und für jeden Preis fast von jeder Familie in Wien, die noch Kinder hat, gekauft. Der Baum heißt ‚Christbaum' und an den Zweigen hängen allerlei niedliche Spielsachen, Bijoux und Bonbons, welche unter die beim Fest Anwesenden verteilt werden.

An den Bäumen, die auf der Straße verkauft werden, wird der Platz kostbarer Geschenke mit Äpfeln, Rosinen, Kastanien oder Pfefferkuchen behangen; alle aber sehen mit ihrem bunten Papierschmuck gefällig und feiertagsmäßig aus. Ich habe in dem Antlitz mancher armen Frau, welche zwischen den Zweigen, die mit rotem, und anderen, die mit blauem Papier ge-

schmückt waren, schwankte, genau eben soviel Freude gesehen, wie sie nur die reichste Dame empfinden konnte, während sie die elegantesten und kostbarsten Geschenke für ihre Verwandten und Freunde aussuchte.«

WIENER CHRISTKINDLMARKT UM DIE JAHRHUNDERTWENDE

In der Erinnerung von Robert Ascher ist der Wiener Christkindlmarkt für die Kinder des ausgehenden neunzehnten Jahrhunderts eine Märchenwelt, wieder pure Nostalgie. »Nicht dass man dort Dinge zu sehen bekam, die es anderswo nicht gegeben hätte«, räumt er ein. »In den Schaufenstern der großen Geschäfte der Inneren Stadt und der Mariahilferstraße gab es unbestritten prächtigeres, kostspieligeres Spielzeug und all die anderen Sachen, nach denen sich Kinderherzen sehnen.« Auf dem Christkindlmarkt seien vor allem einfache und billige Geschenkartikel, die auf und unter den Christbaum gehören, zu finden gewesen. »Aber die Aufmachung, das Dunkle und Geheimnisvolle, das über dem Ganzen lag, verklärt durch die wundervolle Kinderphantasie und gemengt mit der Erwartungsfreude, die in diesen Tagen das kindliche Gemüt erfüllt, riefen in allen, auch in den Großen, eine feierliche, geradezu weihevolle Stimmung hervor, sobald sie in die engen Wege zwischen den Buden traten.«

Hier ist sie wieder, die sinnliche Beschwörung einer ganz besonderen Magie, die den Weihnachtsmarkt nicht nur für Kinder so anziehend macht. Dieser Zauber ist dem Autor als Erwachsener Jahrzehnte später noch vollkommen gegenwärtig, so anschaulich erzählt er davon: »Besonders in den Abendstunden, da es fins-

ter auf dem weiten Platze war, schwaches Licht von Kerzen und Ölfunzerln die Stände spärlich erleuchtete, wirkte der Markt geheimnisvoll. Die Kinder vermeinten, den Flügelschlag des Christkindls in der winterlich reinen Luft rauschen zu hören.

Auf den Tischen und Verkaufsbuden lagen die Herrlichkeiten ausgebreitet. Puppen, die quietschten, wenn man ihnen auf den Bauch drückte, Hutschpferde, Puppenküchen, Öfen und Puppengeschirr; Säbel, Gewehre und Tschakos, Eisenbahnen, die selbst fahren konnten, Bilderbücher, Christbaumschmuck, Windbäckerei, Lebkuchen und Engerln für die Spitze des Christbaums, und dann standen inmitten eines kleinen Wäldchens die Verkäufer der immergrünen Tannenbäume.«

Hiermit beenden wir die nostalgische Zeitreise zu den Weihnachtsmärkten der Vergangenheit – sie prägen und illuminieren unsere Sehnsüchte bis heute. Manches hat sich seither geändert, vieles ist aber auch geblieben. Es gehört zu der großen Erzählung »Weihnachtsmarkt«, wie wir sie heute kennen – mit Tradition und Heimat, Verlässlichkeit und Beständigkeit, Staunen und Begeisterung, Sinnlichkeit und Phantasie. Wir leben in einer anderen Welt, den Weihnachtsmarkt aber haben wir retten und mitnehmen können in unsere unsicheren, veränderlichen Zeiten.

AUF DEM WEIHNACHTSMARKT

O du herrlicher Winter mit
lustigem Flockengewirbel!
Und, o Weihnachten, du,
schönstes, beglückendstes Fest!
Ha! Da standen sie schon, geräumig,
die hölzernen Buden,
Wo die Schätze sich all' wiesen in
flitterndem Glanz.
Harzige Bäume und Bäumchen mit
farbigen Ketten behangen,
Kerzchen, niedlich und bunt,
würziges Zuckergebäck;
Spielzeug jeglicher Art, Hutschpferde
und knallende Peitschen,
Schachteln mit bleiernem Krieg,
Trommel und Seitengewehr:
Tand, der die Kleinen entzückt, und
doch mit begehrlichem Auge
Noch von den Größ'ren gestreift
ward bei der hastigen Schau.
Freilich, sie schreckte der »Krampus«
nicht mehr, der mit drohender Rute,
Fröhlich begafft und belacht, dunkel
im Schimmernden stand.
Aber mit Andacht erfüllten uns alle
die lieblichen Ställchen,
Wo in der Krippe das Kind lag,

von Maria bewacht;
Es'lein und Öchslein dabei,
die Könige und auch die Hirten –
Und aus Rauschgold ein Stern
flimmerte über dem Bild.
Heilige Schauer der Kindheit!
Unschuldige Wünsche des Knaben,
Welche die Mutter ihm stets
freudigen Herzens gewährt!
Selige Zeit, wo bist du? – Ist sie
denn wirklich entschwunden?
Nein: wenn frostig der Platz mit
dem sich neigenden Jahr;
Wenn der Kastanien Gedüft entsteigt
den röstenden Pfannen,
Und die Hök'rin umhüllt sorglicher
Busen und Haupt:
Stehen die Buden auch da, und durch
die Nebel des Abends
Schimmert das harzige Grün,
leuchtet der heilige Christ.
Immer noch gibt es verlangende
Kinder und liebende Mütter –
Und im Kreislauf erwählt ewig
das Leben sich jung!

FERDINAND VON SAAR

Über den Weihnachtsmarkt
auf der Wiener Freyung

RUNDGANG

WEIHNACHTSMÄRKTE IM PORTRÄT

Kaiser's Schwenkgrill

LÜBECK

EINE STOLZE TRADITION

Der Lübecker Weihnachtsmarkt wurde in den städtischen Urkunden erstmals 1648 erwähnt, dürfte mit einiger Wahrscheinlichkeit allerdings älteren Ursprungs sein. Die Anfänge waren jedenfalls ziemlich überschaubar: Noch im siebzehnten Jahrhundert baute der Markt seine Stände nur an den jeweils letzten Werktagen vor Weihnachten, Neujahr und Dreikönig auf. Auch im Jahr 1872 wurde der Markt vor dem Rathaus vom 21. Dezember bis 5. Januar, seit 1895 dann nur noch bis zum Silvesterabend abgehalten.

Die Marktstände wurden vor allem von Handwerkern beschickt, die dort ihre Produkte zum Kauf anboten. Auch schien das Geschehen von reisenden Musikanten geprägt zu sein, wie es Garlieb Merkel 1803 beschrieb: »Auf den Marktplätzen waren hölzerne Buden aufgeschlagen, in denen Spielgeräte, Confekt und warme Waffeln feilgeboten wurden, und sobald sie am Abend erleuchtet waren, strömte jung und alt dahin, sich in dem schönen Lichterscheine zu ergehen. Auf allen Gassen ertönte Musik ...«

Die von Garlieb Merkel erwähnten kleinen Holzbuden prägten das Bild des Lübecker Weihnachtsmarkts über die Jahrhundertwende hinaus. Schon im Jahr 1829 wurden 125 Verkaufsstände gezählt, die Handwerker – unter ihnen Kuchenbäcker, Korbmacher oder Schuster – waren nach wie vor in der Mehrzahl.

Der Platz für den Weihnachtsmarkt mit seinem Budenzauber rund um den Marktbrunnen wurde rasch zu eng. Mitte des neunzehnten Jahrhunderts musste er schon erweitert werden, das Marktareal reichte bis über den Koberg, bezog dann auch die Parade mit ein, ab 1924 auch das Holstentor und den Alten Bahnhof an der Obertrave. Und hier gab es schließlich auch einen Vergnügungsrummel mit Luftschaukeln, Karussells und Spielbuden, was den Weihnachtsmarktbesuch und -genuss beträchtlich erhöhte.

EIN WEIHNACHTSPARCOURS DURCH DIE ALTSTADT

Heute ziehen sich über 150 Verkaufsstände in mehreren aufeinanderfolgenden Arealen durch die gesamte Lübecker Altstadt, angefangen von der Obertrave beim Holstentor über die Petrikirche, das Gebiet um Rathaus, Breite Straße und Sandstraße, den Marienkirchhof, den Koberg bis zum Heilig-Geist-Hospital. Ein Parcours, der auch die zahlreichen Besucher aus Norddeutschland und Skandinavien mit einem vielfältigen Angebot überrascht. So zum Beispiel am Ufer der Obertrave mit dem *Weihnachtswunderland* für die ganze Familie inklusive Weihnachtsbäckerei und Kunsteisbahn für die Kinder. Mit dem großen Kunsthandwerkermarkt in der Petri-Kulturkirche. Mit vielfältigen Kulinaria (Niederegger Marzipan!) und Imbissbuden in der Breiten Straße. Mit einem historischen Weihnachtsmarkt vor der mittelalterlichen Kulisse des Marienkirchhofs oder der maritimen Atmosphäre auf dem Koberg, wo sich ein Riesenrad vor malerischen Netzen, Holzfässern und Schiffwracks dreht. Mit den Kabäuschen in der Halle des historischen Heiligen-Geist-Hospitals, in denen Kunsthandwerker aus Deutschland, Skandinavien und dem Baltikum ihre Waren aus Messing, Metall, Textil, Glas, Holz, Keramik und Porzellan anbieten.

Dann zum Herzen des Weihnachtsmarktes, das in Lübeck noch immer auf dem Marktplatz schlägt, wo man aber nicht mehr nur traditionelles Handwerk findet, sondern – rund um einen großen Christbaum im Lichterglanz – ein mit Buden einheitlich gestaltetes Weihnachtsdorf, in dem heute vor allem herzhaft gegessen und getrunken wird, zum Beispiel das regional beliebte Roggenbrot mit Pflaumenschmalz, vielleicht mit einem Lübecker Rotspon. Und Marzipan natürlich, wer könnte diese Delikatesse vergessen, das durch den Wandergesellen Niederegger weltberühmt wurde.

Und auch musiziert und gesungen wird im Lübeck der Vorweihnachtszeit, in der »Weihnachtsstadt des Nordens«, noch immer. Wie in alten Zeiten …

HAMBURG

Hamburg versteht sich als »Weihnachtshauptstadt des Nordens« und ist daher bemüht, in der Vorweihnachtszeit an Elbe und Alster, an historischen Kirchen und verträumten Fleeten, an belebten Plätzen und romantischen Winkeln der Hansestadt eine ganz besondere Atmosphäre zu schaffen. Lichterglanz und Kunsthandwerk, Weihnachtsmusik und Geselligkeit sind auf sämtlichen Hamburger Weihnachtsmärkten zu entdecken und zu genießen.

MÄRKTE IN DER INNENSTADT

Hamburg und seine Weihnachtsmärkte – man könnte ein ganzes Buch mit Beschreibungen füllen. In der Innenstadt besteht der Weihnachtsmarkt zwischen Spitalerstraße und Gänsemarkt aus mehreren ineinander übergehenden Spielorten – mit durchaus unterschiedlichen Ausrichtungen und Angeboten. Gehen wir den Weg vom Hauptbahnhof in die Stadt, so finden wir bereits in der Spitalerstraße die ersten robusten Holzbuden, an der Einmündung in die Mönckebergstraße eine überdimensionale Weihnachtspyramide. Die zweckmäßige Architektur dieser Haupteinkaufs-

straßen lässt ein heimeliges Gefühl nicht aufkommen, auch nicht am Mönckebergbrunnen und auf dem Gerhart-Hauptmann-Platz, obwohl hier die Atmosphäre eines Winterwaldes imitiert wird, dessen Tausende Christbaumkerzen die nüchterne Umgebung in warmes Licht tauchen.

Rund um die St. Petri-Kirche finden wir dann ein Juwel in der weihnachtlichen Landschaft Hamburgs: einen Weihnachtsmarkt, dessen historische Kulisse überzeugt und dessen liebevoll dekorierte Verkaufsstände und Buden rund um die älteste Kirche der Hansestadt den Marktbummel zum Erlebnis werden lassen. Auch der Märchenwald für Kinder sorgt für ein »klassisches Weihnachtsgefühl«.

Und dann öffnet sich der Blick auch schon auf den Rathausmarkt, dem Salon der Stadt, der sich mit seinem wirklich spektakulären Weihnachtsmarkt traditionell und historisch präsentiert: Er ist in »Themenstraßen« angelegt und lässt mit dem riesigen Weihnachtsbaum, dem angestrahlten Neuen Rathaus und den roten Dächern der Holzbuden eine Reise in die Weihnachtswunder der Kinderzeit erwarten.

Wenige Schritte weiter erstrahlen in einem Meer aus Lichtern die am Jungfernstieg aufgebauten weißen Pagodenzelte des »Weißen Zaubers«. Diese prachtvoll inszenierte Location wirkt ein bisschen ambitioniert durchdesignt, passt aber zur Eleganz der Einkaufs- und Flaniermeile direkt am Ufer der Binnenalster. Goldene und silberne Lichter verleihen ihr ein besonderes Flair. Glühwein- und Zimtduft legt sich über den Boulevard, der mit feinen Shopping-Möglichkeiten überrascht: Hier werden Kunsthandwerkartikel und Köstlichkeiten angeboten, die sich von traditionellen Marktangeboten abheben. Ein attraktives Begleitprogramm und cooles Schlittschuhvergnügen bieten Abwechslung.

Auf dem glitzernden Gewässer der Alster entführen fünf geschmückte »Märchenschiffe« ins Land der Phantasie: Hier finden die Kinder Gelegenheiten zum Backen, Schminken, Spielen und Theater. Ebenfalls direkt am Wasser liegt in ruhiger Abgeschiedenheit der kleine Weihnachtsmarkt auf der Fleetinsel.

Schließlich der Gänsemarkt, der mit seinen geräumig angeordneten Imbiss- und Getränkebuden in »Lebkuchenhaus-Optik« eine Art gastronomischen Schlusspunkt dieses Weihnachtsmarkt-Parcours setzt, der uns hungrig und durstig gemacht hat: Hier gibt es alles zu essen und zu trinken, was man sich vor Weihnachten nur wünschen kann.

DIE WEIHNACHTSMÄRKTE DER STADTTEILE

Unübersehbar schließlich ist das Angebot der zahlreichen Weihnachtsmärkte in den Stadtteilen, von denen wir hier nicht alle nennen können. Altona lockt mit der Neuen Großen Bergstraße, Barmbek mit einem kleineren Weihnachtsmarkt auf dem Platz neben dem Bahnhof, Blankenese mit dem Erik-Blumenfeld-Platz, Eimsbüttel gleich mit zwei Märkten in der belebten Osterstraße und an der Apostelkirche. Eppendorf bietet einen kleinen Markt, die Hafencity einen etwas größeren mit Eisbahn am Überseeboulevard, Harburg einen Familienweihnachtsmarkt am historischen Rathaus, die Neustadt einen Budenmarkt mit maritimer Atmosphäre auf der Fleetinsel, Niendorf einen nordischen Weihnachtsmarkt auf dem Tibarg, Wandsbek wiederum setzt auf den im hohen Norden etwas unerwartet wirkenden Alpenstil und ebenfalls eine Eisbahn.

AUSKLANG AUF SCHLOSS BERGEDORF

Den Schlusspunkt unseres Rundgangs soll Schloss Bergedorf bilden – übrigens der älteste Hamburger Weihnachtsmarkt auf der einzigen noch erhaltenen mittelalterlichen Anlage der Stadt.

Der von funkelnden Sternen begleitete und aus liebevoll gestalteten Ständen mit Altstadt-Fassaden bestehende Bergedorfer Weihnachtsmarkt schlängelt sich durch verschiedene Straßen bis auf die große Rasenfläche vor dem Bergedorfer Schloss. Zwischen Bille und Schlosseingang empfängt die Besucherinnen und Besucher hier eine wunderbare Weihnachtswelt mit Wichtelmarkt.

GÖTTINGEN

Kunsthandwerk, Kultur und Kulinarik – auf diesem Dreiklang beruht der Weihnachtsmarkt in Göttingen, der mitten in Deutschland liegenden Universitätsstadt.

Die Anfänge dieses Marktes waren durchaus holprig: Noch im Dezember 1852 beschwerte sich das Geistliche Ministerium beim Magistrat der Stadt, dass durch die Verkaufsbuden die Sonntagsruhe gestört sei. Und 1882 ist verbürgt, dass die Königliche Polizei der Marktpolizei für einige Jahre die Aufstellung der Marktstände entzieht, da der Christmarkt den Verkehr allzu behindere. Dieser Christmarkt entstand aus dem Wochenmarkt, der ganzjährig auf dem Marktplatz stattfand. In der *Göttinger Zeitung* taucht er 1864 auf, zumeist mit Anzeigen für Süß- und Backwaren zum Behängen der Weihnachtsbäume. Um die Jahrhundertwende findet der dann sogenannte Weihnachtsmarkt rund um den neuen Gänseliesel-Brunnen statt, die Tannenbaumverkäufer siedeln auf den Johanniskirchhof um.

Nach dem Zweiten Weltkrieg findet das Marktgeschehen wieder am Gänseliesel statt, dauert aber nur zwölf Tage; zu dieser Zeit kommt die Bratwurst auf den Weihnachtsmarkt, auf den inzwischen so beliebten Glühwein muss noch bis 1980 gewartet werden.

Zuckerwatte

Heute laden auf den Plätzen vor dem Alten Rathaus und der imposanten Johanniskirche über neunzig mit Lichtern und Tannengrün dekorierte Holzhütten zum Bummeln, Einkaufen und Genießen ein. Wer originelle oder nützliche Geschenke sucht, wird an den Ständen mit Kunsthandwerk fündig. Im Angebot sind traditionelle und moderne Weihnachtsdekoration, Spielzeug, Kleidung, Schmuck und vieles mehr. Die jüngsten Weihnachtsmarktgäste kommen im nostalgischen *Wiener Hochrad* oder im märchenhaften *Hexenwald* auf ihre Kosten.

Ahrend

HILDESHEIM

Wenn die Straßenlaternen Nikolausmützen tragen, adventliche Musik zu hören ist und der süße Duft von gebrannten Mandeln durch die Innenstadt weht, dann beginnt in Hildesheim die Vorweihnachtszeit. Von Ende November bis Ende Dezember zaubert der Weihnachtsmarkt eine besondere Atmosphäre rund um die beeindruckende Kulisse des historischen Marktplatzes, den Platz *An der Lilie* sowie der angrenzenden Fußgängerzone.

Gut gefüllt mit Kunsthandwerk, weihnachtlichen Dekorationen und Kulinaria aller Art, scharen sich in Hildesheim achtzig festlich geschmückte Stände um den prächtigen Weihnachtsbaum und die zehn Meter hohe Pyramide. Glanzpunkte setzen außerdem acht kleine Holzhütten in altem Hildesheimer Fachwerkstil rund um den Marktbrunnen.

Die kleinen Gäste haben die Möglichkeit, in der Außenstelle des ältesten *Weihnachtspostamts* Deutschlands einen Brief an den Weihnachtsmann zu schreiben. Kobolde und Unholde treiben im Tannengrün und eingetaucht in geheimnisvolles Licht im *Sagenwald* vor dem Rathaus ihr Unwesen. An den Adventssonntagen begleiten Musikanten das Publikum durch die Vorweihnachtszeit.

OSNABRÜCK

Seit Jahren zählt er zu den schönsten Weihnachtsmärkten im Norden, ist weit über die Landesgrenzen beliebt und wurde mehrfach ausgezeichnet: Der Osnabrücker Weihnachtsmarkt wird geprägt von gleich drei Sehenswürdigkeiten – Rathaus, Marienkirche und Dom. Der Lichterzauber setzt sich bis in die Altstadtgassen fort, denen die Adventsbeleuchtung Glanz verleiht.

Der erste Weihnachtsmarkt fand in Osnabrück vor etwa 180 Jahren statt. In einem Magistratsschreiben vom 4. November 1836 ist vermerkt, dass »Handwerker, Kuchenbacker und alle welche mit kurzen Waaren handeln, auf dem alten Rathause Waaren zum Verkauf 8 Tage vor Weihnachten öffentlich ausstellen dürfen.«

Seither hat sich einiges getan: Heute füllt der *Historische Weihnachtsmarkt* den großen Platz vor der mittelalterlich anmutenden Kulisse von Rathaus, Stadtwaage und Kirche St. Marien sowie den Domvorplatz. Das geschichtsträchtige Ensemble zieht Besucherinnen und Besucher von weither an und macht neugierig auf die Geschichte der Stadt, beispielsweise die des berühmten Rathauses im spätgotischen Stil, auf dessen Stufen 1648 der Westfälische Frieden verkündet und damit der Dreißigjährige Krieg beendet wurde.

WEIHNACHTSGLÜCK IN OSNABRÜCK

Friedlich und still geht's also zu in dieser Stadt. Der Osnabrücker Weihnachtsmarkt zeichnet sich durch erfreuliche Ruhe und Gelassenheit aus: Musikalisch begleitet wird lediglich das historische, über hundert Jahre alte Traditionskarussell vor dem Rathaus – ein beliebter Treffpunkt. Generationen von Osnabrückern haben in diesem antiken Fahrgeschäft bereits ihre Runden gedreht. Neben Traditionellem gibt's auch Rekordverdächtiges zu entdecken: den mit sechs Metern Höhe *Größten Nussknacker auf einem Weihnachtsmarkt* oder die *Weltgrößte funktionstüchtige Spieluhr* mit lebensgroßen Figuren vor dem Theater.

Über hundert Stände laden mit Kunsthandwerk und weihnachtlichen Geschenkideen zum stimmungsvollen Besuch in der Friedensstadt ein.

Ein Becher Glühwein, gebrannte Mandeln und etwas Herzhaftes vom Bratwurststand sind ein Muss auf diesem Weihnachtsmarktbesuch. Kulinarisch kommt in Osnabrück wohl jeder auf seine Kosten. Wer es deftig mag, dem wird ein Käsegriller schmecken. Ein Gedicht sind die Lebkuchen, Baumkuchen und himmlischen Pralinen von Leysieffer – ein Osnabrücker Original.

KÖLN

EINE ZIEMLICH TURBULENTE GESCHICHTE

Vom Kölner Weihnachtsmarkt geht heute eine große Anziehungskraft aus. Sobald die Blätter von den Bäumen fallen und die dicken Mäntel aus den Schränken geholt werden müssen, freuen sich nicht nur die Kölner wieder auf »Heinzels Wintermärchen« & Co., sondern auch viele Weihnachtsmarktbegeisterte aus dem Um- und Ausland.

Dabei schien Köln lange an Lichterglanz, Budenzauber und Weihnachtsspektakel nicht sonderlich interessiert zu sein: Während in München schon 1310 der erste Christkindlmarkt stattfand, musste Köln noch mehr als ein halbes Jahrtausend darauf warten: Erst 1820 wird hier der erste Weihnachtsmarkt in der Kölner Altstadt eröffnet – und fünfundsechzig Jahre später dann wieder verboten.

Die Entwicklung, wie wir sie aus anderen deutschen Städten kennen – von spätmittelalterlichen Wintermärkten (auf deren Verkaufsständen man sich in der kalten Jahreszeit mit Fleisch, wärmender Wolle und Vorräten für frostige Wochen eindeckt) bis zu Weihnachtsmärkten mit all den Spezereien, Aromen und

Weihnachtsmarkt am Kölner Dom

Glitzersachen – lässt sich in Köln nicht nachvollziehen. Zwar dürfen auf dem Wintermarkt im 14. Jahrhundert auch Spielzeugmacher, Korbflechter und Zuckerbäcker eigene Verkaufsstände aufbauen, doch eine besondere Weihnachtsstimmung lassen diese Versorgungsmärkte nicht aufkommen. Bis im Dezember 1820 einen Monat lang auf dem Alter Markt duftende Moppen (Honigkuchen), Printenmänner, Spekulatius, Marzipan, frische Waffeln und heiße Kuschteien (Maronen), Bratäpfel und türkischer Honig die Besucherinnen und Besucher verführen. Der erste Kölner Weihnachtsmarkt wurde offiziell Nicolaimarkt genannt, weil die Kinder zu jener Zeit am Nikolaustag statt am Christfest beschenkt wurden und es hier alles gab, was Kinderherzen höherschlagen ließ: Gebäck, Süßigkeiten, Spielzeug und vieles mehr.

NEUSTART UND ERFOLGSGESCHICHTE

Während der Karneval nach den Kriegswirren die Domstadt rasch zurückerobert, scheitern in Köln erstmal alle Versuche, auch den Weihnachtsmarkt wiederzubeleben. Erst seit 1970 öffnet er auf Bestreben von Oberbürgermeister Theo Burauen auf dem Neumarkt und seit 1977 auch wieder auf dem Alter Markt alljährlich seine Tore.

Doch es ist der Markt am Kölner Dom, der 1995 zur Initialzündung für eine unglaubliche Expansion wird. Diesmal steigt Köln richtig in das große vorweihnachtliche Geschäft um Glühwein, Zuckerwatte, Christbaumschmuck und Touristen ein. Die Weihnachtsmärkte – die sich über den Roncalliplatz, den Alter Markt, den Heumarkt, den Neumarkt und den Rudolfplatz fast nahtlos durch die komplette Innenstadt ziehen – werden zu einer einzigartigen Erfolgsgeschichte.

Vielen Besucherinnen und Besuchern aus dem In- und Ausland gilt der Markt am Dom als der schönste Weihnachtsmarkt überhaupt. Die Architektur, die Gestaltung mit den über hundert uniformen Holzpavillons (hauptsächlich mit Handwerk und Gastronomie) und deren wie Weihnachtsmannmützen wirkenden roten Dächern, dem riesigen Lichterbaum in der Mitte, von dem aus sich ein glitzernder Himmel nach allen Seiten ausspannt, die große Bühne, auf der allabendlich musikalische Events steigen (Weihnachts-, Karnevals- und andere Stimmungslieder munter zu mischen, ist wohl nur in Köln denkbar) – es ist ein großes, buntes, grandioses Spektakel, das jedes Jahr mit über fünf Millionen die Weihnachtsmarkt-Besucherzahlen deutschlandweit anführt.

Zu den größten Märkten Kölns gehören heute dieser Markt auf dem Roncalliplatz am Dom, der *Weihnachtsmarkt der Engel* auf dem Neumarkt, der *Hafen-Weihnachtsmarkt* am Schokoladenmuseum, der *Schiffsweihnachtsmarkt* am Rheinufer, das *Nikolausdorf* auf dem Rudolfplatz (mit »Haus vom Nikolaus« und riesigem

Adventskalender) und der Markt im Stadtgarten. Seit 2008 begeistert der Publikumsliebling *Heinzels Wintermärchen* auf dem Alter Markt und dem Heumarkt, wo nicht nur viele kleine Heinzelmännchen die Budengassen (Themengassen, zum Beispiel Nasch- und Spielzeuggasse) bevölkern, sondern sich als märchenhafte Attraktion auch eine 2.400 Quadratmeter große Eislaufbahn um den Platz schlängelt.

Der *Kölner Krippenweg* in der Stadt der Heiligen Drei Könige hat sich zu einem Publikumsliebling entwickelt. Krippenführungen folgen dem Stern – auf dem Weg über Weihnachtsmärkte, durch Kirchen und zu liebevoll gestalteten Krippenfenstern wartet internationale Krippenkunst an über 110 Stationen darauf, entdeckt und bestaunt zu werden.

AACHEN

Alle Jahre wieder erstrahlt der Aachener Marktplatz in festlichem Glanz. In der Luft liegt der Duft von Tannengrün und Bienenwachs. Vom Holzkohlegrill ziehen verlockende Rauchschwaden vorüber, Maronen rösten über dem Feuer, Kinder drehen auf einem alten Karussell fröhlich ihre Runden. Über 120 Händler, Handwerker, Künstler und Gastronomen bieten rund um Dom und Rathaus ihre Waren an. Mehr als 1,5 Millionen Besucher kommen jedes Jahr in die Stadt Karls des Großen, um ausgiebig Weihnachtsatmosphäre zu schnuppern. Kuchen, Kerzen und Krippenspiele verlocken dabei ebenso zum Kaufen wie Gegrilltes, Getöpfertes und Gemaltes – und nicht nur die ganz Kleinen bekommen dabei vor Staunen leuchtende Augen und rote Wangen.

Geboten wird alles, was das Herz begehrt. Natürlich gibt es auch die Aachener Printen und anderes Weihnachtsgebäck wie Dominosteine, Leb- und Spitzkuchen, Spekulatius und Marzipanbrote, die von Aachener Firmen – wie zum Beispiel Lambertz – in alle Welt verschickt werden.

Die frühere Bezeichnung *Aachener Printenmarkt* weist noch auf das berühmteste und wohl auch beliebteste Erzeugnis des Weihnachtsmarkts hin – es ist heute mit einem überlebensgroßen Printenmann weithin sichtbar. Früher war er ausschließlich um den Elisenbrunnen herum angesiedelt, doch der Platz reicht für den heutigen Andrang längst nicht mehr aus. Seit den 1970er Jahren findet das Marktgeschehen darum auf dem Aachener Markt und dem Katschhof statt.

Der Aachener Dom und das Rathaus sind nicht nur die zentralen Sehenswürdigkeiten der Stadt, sie bilden auch die eindrucksvolle historische Attraktion für Touristen aus weiten Teilen Europas, vor allem den Nachbarländern der Grenzstadt Aachen.

FRANKFURT AM MAIN

Auch wenn in Frankfurt am Main erstmals 1393 ein Weihnachtsmarkt urkundlich erwähnt wird, dürfen wir ihn uns nicht mit den Maßstäben der Gegenwart vorstellen. Im Spätmittelalter hat er noch nicht die heutige folkloristische Bedeutung, sondern ist noch ganz ein Ort für spektakuläre Mysterienspiele, und er gibt den Frankfurter Bürgerinnen und Bürgern an zentraler Stelle die Möglichkeit, sich mit dem Nötigen für die anstehende kälteste Zeit des Winters einzudecken. Entsprechend karg nimmt er sich aus, und entsprechend restriktiv sind die Bestimmungen, denn anders als bei den schon damals üblichen Messen in Frankfurt dürfen auf dem Weihnachtsmarkt keine auswärtigen Kaufleute ihre Waren verkaufen, sondern nur Bürger der Stadt einen Stand aufbauen.

Wie andernorts auch nimmt der Frankfurter Weihnachtsmarkt erst im neunzehnten Jahrhundert die Konturen an, wie wir sie heute noch erkennen: Auf dem *Christkindchesmarkt* – so wird er jetzt genannt – werden nun Weihnachtsbäume aufgestellt und geschmückt, und Tannenbäume werden auch in den Römerhallen verkauft. Schließlich verfügt der Magistrat, auf dem Markt nur noch »eigentliche Weihnachts-

DAMPFNUDELN-WAFFELN-KAFFEE-KAKAO-TEE

marktartikel, als: Kinderspielwaren, Christbäume und Christgärten, Lebküchler- und Conditorwaren« anzubieten. Es wurde – wie immer – alles mit deutscher Gründlichkeit geregelt.

DER WEIHNACHTSMARKT AUF DEM RÖMERBERG

Die beeindruckende Kulisse des Frankfurter Weihnachtsmarkts wird jedoch im Zweiten Weltkrieg ein Opfer der Bomben und Flammen, als alliierte Luftangriffe den Römerberg in Schutt und Asche legen. In der Nachkriegszeit muss der Weihnachtsmarkt ins Exil gehen und wird an wechselnden Orten in der Stadt aufgebaut. Erst seit den siebziger Jahren – als auch die U-Bahn fertiggestellt und die Baustelle am Römerberg beseitigt war – findet er wieder an seinem traditionellen Ort statt. Und spätestens seit dem Wiederaufbau der historischen Ostzeile des Römerbergs entwickelt er sich wieder zu einer Attraktion – auch für Touristen aus aller Welt.

Heute hat sich der Weihnachtsmarkt nicht nur den Römerberg zurückerobert, sondern zieht sich durch die gesamte Innenstadt: von der Hauptwache über die Zeil, den Liebfrauenberg, die Neue Kräme, den Paulsplatz und das Fahrtor bis zum Mainkai. Er bietet eine ganze Weihnachtslandschaft aus Imbiss- und Verkaufsbuden, beheizten Gaststuben, Süßwarenständen und

Kinderkarussells. Das vom Magistrat verfügte Angebot gilt im Grunde bis heute: Es sind vor allem Weihnachtsartikel, die hier verkauft werden und in Entzücken versetzen, vom erzgebirgischen Kunsthandwerk (nicht nur Nussknacker!) über Kerzen, Marionetten, Blechspielzeug, traditionellen und modernen Christbaumschmuck – alles, was das weihnachtsbewegte Herz begehrt.

ROSTOCK

Eine Bilanz der Superlative: Mit mehr als 250 Verkaufsständen bietet Rostock nicht weniger als den größten Weihnachtsmarkt in Deutschland, mit rund 1,5 Millionen Gästen zählt er zu den meistbesuchten in Norddeutschland. Jedes Jahr im Advent verwandelt er die historische Rostocker Innenstadt in ein vorweihnachtliches Lichtermeer, das auch Zehntausende Touristen aus Dänemark und Schweden anzieht, die für einen Tag oder ein Wochenende mit der Fähre über die Ostsee nach Rostock kommen.

Eröffnet wird der Weihnachtsmarkt an Warnow und Ostsee durch den Weihnachtsmann höchstpersönlich. Er trifft mit seinem Gefolge im Rostocker Stadthafen per Segelschiff ein, fährt anschließend durch die Innenstadt zur Märchenschlossbühne auf dem Neuen Markt und schneidet hier traditionell den Stollen an.

Wie in vielen anderen Großstädten ist der Weihnachtsmarkt in Rostock als Parcours durch die gesamte Stadt angelegt und bietet an mehreren Stellen unterschiedlichste Attraktionen. Über drei Kilometer lang ziehen sich die Straßen mit den Marktbuden: Ausgehend vom Neuen Markt, Rostocks zentralem Platz, geht der Markt über die Kröpeliner Straße. Auf dem Universitätsplatz ist ein *Lichterbaldachin* instal-

Hopfenmarkt

liert, neben der Universitätskirche (Kloster zum Heiligen Kreuz) befindet sich etwas versteckt und daher idyllisch gelegen der *Historische Weihnachtsmarkt* mit seinem mittelalterlichen Flair. Jenseits des Kröpeliner Tors und in der Langen Straße setzt sich der Markt mit weiteren Verkaufsständen fort, auf denen es weitgehend traditionell und beschaulich zugeht.

In der Nördlichen Altstadt, im Areal der Fischerbastion nahe des Stadthafens wird der Weihnachtsmarkt allerdings zur Eventregion, zur grellen Kirmeswelt.

BERLIN

Ein genauer Zeitpunkt, an dem sich in Berlin der Weihnachtsmarkt etabliert, lässt sich nicht feststellen. Christa Lorenz hält es für wahrscheinlich, »dass er aus jenen wenigen Buden hervorging, die seit dem Mittelalter auf den Marktplätzen um die Weihnachtszeit Wachskerzen und Pfefferkuchen vertrieben hatten. Ende des siebzehnten Jahrhunderts wurden schon Tand und Spielsachen verkauft, zunächst ohne dass durch eine Verordnung der Marktverkehr geregelt werden musste. Als zu Beginn des achtzehnten Jahrhunderts die Budenstadt so groß geworden war, dass sie sich über die alten Marktplätze hinaus den Mühlendamm entlang bis in die Breite Straße hinzog, war es nötig, den Standplatz durch behördliche Maßnahmen einzugrenzen.«

Seit der zweiten Hälfte des achtzehnten Jahrhunderts gehört der Berliner Weihnachtsmarkt bereits zu den Sehens- und Merkwürdigkeiten, die in Reiseführern erwähnt werden

Nach dem Zweiten Weltkrieg ist Berlin geteilt in Ost und West – und die Weihnachtsmärkte sind es folglich auch. Kleinere Berliner Weihnachtsmärkte etablieren sich jetzt in vielen westlichen Stadtteilen, 1949 sind es schon fünfzehn, und 1951 öffnet erstmals der

Weihnachtsmarkt auf dem Breitscheidplatz rund um die Gedächtniskirche seine Tore.

In der DDR – und also auch im Ostteil Berlins – gibt es zunächst durchaus Versuche, das Weihnachtsfest zu einem »sozialistischen Friedensfest« ohne christlichen Hintergrund umzufunktionieren. Aber ohne Weihnachtstradition geht es einfach nicht.

Lustgarten und Alexanderplatz sind jetzt die zentralen Plätze für die Ostberliner Weihnachtsmärkte – mit den Jahren wird aus ihnen zunehmend ein Rummel mit Geisterbahn, Achterbahn und Riesenschaukel. Fröhliche und ausgelassene Stimmung dominiert, in den meisten Beschreibungen ist wenig weihnachtliche Besinnlichkeit zu spüren.

DIE BERLINER WEIHNACHTSMARKT-LANDSCHAFT

Heute finden jedes Jahr rund achtzig Weihnachtsmärkte in Berlin Mitte und in den Bezirken statt: Seit 1983 der Weihnachtsmarkt an der Gedächtniskirche und auf dem Breitscheidplatz mit allein 2,3 Millionen Besucherinnen und Besuchern. In Kreuzberg und in Friedrichshain die *Kiez-Weihnacht* und ein *Chanukka-Markt* mit jüdisch geprägten Angeboten am Jüdischen Museum. Vor dem Rathaus Lichtenberg der *Lichtermarkt*, in Karlshorst der *Mittelalter-Weihnachtsmarkt*. Um nur einige der wichtigsten zu nennen.

KONZERTHAUS BERLIN

Am Brandenburger Tor allerdings gibt es – anders, als man vermuten könnte – keinen Weihnachtsmarkt, wohl aber auf dem Alexanderplatz und auch vor dem Roten Rathaus: Die *Berliner Weihnachtszeit* gestaltet Alt-Berliner Marktgassen nach, in denen sich Verkaufshäuschen mit beleuchteten Fenstern und kleine historische Kinderkarussells befinden sowie an der Spandauer Straße ein Riesenrad und rund um den Neptunbrunnen eine Eisbahn. Besonders eindrück-

lich und atmosphärisch: der *Weihnachtszauber auf dem Gendarmenmarkt* rund um das Schauspielhaus – eine kleine Zeltstadt, in der auch ein Kulturprogramm geboten wird. *Nostalgischer Weihnachtsmarkt* (an wechselnden Standorten), *Umwelt-Weihnachtsmarkt* (nahe der Hackeschen Höfe), *Alt-Rixdorfer Weihnachtsmarkt* (Neukölln), *Adventsmarkt am Kollwitzplatz* (Pankow), *Nordischer Weihnachtsmarkt* (Tegel), *Märchenhafter Weihnachtsmarkt* (im Grunewald) und nicht zuletzt der *Spandauer Weihnachtsmarkt* mit einer unglaublichen Vielfalt und Fülle an Verkaufsständen, Veranstaltungen, Handwerksschauen, Konzerten und Weihnachtskrippen mit lebenden Tieren. Die Liste ließe sich fast endlos fortsetzen.

Berlin hat ihn wieder – den Weihnachtsmarkt der Weltstadt.

Frohe Weihnachten

BRAUNSCHWEIG

Glanz und Glitzern wohin man schaut – jedes Jahr werden in Braunschweig die Plätze rund um Dom, Burg und Rathaus in adventliche Lichterkleider getaucht. Die Geschichte des Weihnachtsmarktes in der Löwenstadt reicht zurück bis in das Jahr 1505 – eine stolze Tradition. Auch heute lädt der Markt mit seinen liebevoll dekorierten Budengassen dazu ein, sich auf das Weihnachtsfest einzustimmen, handgefertigte Geschenkideen zu entdecken und dabei weihnachtliche und regionale Köstlichkeiten zu genießen.

Nicht weniger als 140 Markthütten und Stände halten kunstvolles Handwerk bereit, regionale wie internationale Spezialitäten lassen weihnachtliche Gaumenfreuden wahr werden. Chöre, Theaterensembles und Instrumentalgruppen geben auf dem »Bühnenfloß« Kostproben ihres Könnens, Kinder kommen bei Bastelnachmittagen, Märchenstunden und Puppenspielen auf ihre Kosten oder backen und spielen in der *Weihnachtswerkstatt*. Der Braunschweiger Markt ist vor allem eines: vielfältig. Und wer die Mühe nicht scheut und die 160 Stufen des Rathausturmes hochsteigt, wird in luftiger Höhe mit einem phantastischen Blick auf das hell erleuchtete Marktgeschehen belohnt.

MAGDEBURG

Eine aufregende Mischung bietet der Magdeburger Weihnachtsmarkt: romantische Kulisse, märchenhaften Kinderspaß, Mittelalterambiente, abendliche Partymeile in der Ottostadt. Es gibt den historischen Weihnachtsmarkt, eine Märchengasse, eine Eislaufbahn, die viel gerühmte Glühweinkultur und natürlich 160 Hütten, die eine Menge (Vor-)Weihnachtliches entdecken lassen.

Auch dieser Weihnachtsmarkt geht auf eine spätmittelalterliche Verkaufsmesse zurück, die den Magdeburgerinnen und Magdeburgern damals die Möglichkeit gab, sich vor dem frostigen Winter mit allerlei Nahrungsmitteln und anderem Notwendigen einzudecken. Erst in der Mitte des zwanzigsten Jahrhunderts wurde sie zu dem Weihnachtsmarkt, wie wir ihn kennen.

Heute steht das Areal auf dem Alten Markt vor dem Rathaus, der Johanniskirche und dem Magdeburger Reiter im Zentrum. Die Schaustellerbetriebe werden integriert, so dass auf diesem Markt immer auch Kirmesatmosphäre herrscht. Das neben dem Rathaus aufgestellte Riesenrad mit 38 Meter Höhe und 26 Gondeln sticht aus den Budenstraßen besonders hervor. Wie auch eine fast neun Meter hohe Weihnachtspyramide,

die sogar eine breite Empore für Musiker bietet. Unter den handgeschnitzten Figuren wird traditionell Glühwein verkauft. Dieses Getränk macht Magdeburg zu so etwas wie einer Glühwein-Metropole.

Neben den üblichen gastronomischen Angeboten findet man zahlreiche lokale Spezialitäten, zum Beispiel Grünkohl, der in der Börde zumeist mit Bregenwurst oder Kassler zubereitet wird. Nach einem Rezept von 1924 wird der »Lemsdorfer Lümmel« von einer Magdeburger Fleischerei hergestellt, der sich auf dem Markt großer Beliebtheit erfreut.

Auf dem *Historischen Weihnachtsmarkt* vor dem Rathaus kann man aber auch einen Schmied, eine Weberin und andere mittelalterliche Handwerker antreffen.

Bei den Kindern ist die traditionelle *Märchengasse* sehr gefragt, wo sechs Geschichten dargestellt werden und man auf Knopfdruck die bekannten Figuren zum Leben erwecken kann. Die Kleinen freuen sich auch über das Puppenspiel der Freien Puppenbühne Magdeburg.

Auf der Hartstraße steht die sogenannte *Nordische Meile* für alle Skandinavien-Fans, die hier Glögg und Schaffelle, Elchwurst, Schnitzfiguren, nordisches Handbrot und schwedische Fellsocken erwerben können.

Der jüngste Clou in Magdeburg ist das Lichtkonzept mit über einer Million LED-Lichtpunkten, 320 geschmückten Laternen und sechzig Großelementen: Der *Lichterwald* bietet auf einer riesigen Fläche spektakuläre Installationen und monumentale Figuren – perfekte Motive für Instagram.

Märchenwald

ERFURT

In der Mitte Deutschlands lädt Erfurt zum vorweihnachtlichen Rendezvous: Die Landeshauptstadt Thüringens schmückt sich festlich zum Advent. Geprägt durch einen der am besten erhaltenen mittelalterlichen Stadtkerne Deutschlands ist die Stadt eine reizvolle Mischung aus reichen Patrizierhäusern und liebevoll rekonstruierten Fachwerkhäusern. Diese einzigartige Altstadt bietet das ideale Forum für einen besonders stimmungsvollen Weihnachtsmarkt.

Mariendom und Severikirche sind die Erfurter Wahrzeichen – ein monumentales und unverwechselbares Ensemble, das nun in warmes Licht getaucht ist. Weihnachtsmelodien erklingen und der Duft von Glühwein und Gewürzen liegt in der Luft. Die größten, weil besonders herausragenden Attraktionen des Erfurter Marktes sind der ca. 25 Meter hohe, festlich beleuchtete *Christbaum*, die monumentale *Weihnachtskrippe* mit vierzehn handgeschnitzten, fast lebensgroßen Holzfiguren sowie die zwölf Meter hohe Original *Erzgebirgische Weihnachtspyramide*, welche auf fünf Etagen weihnachtliche Szenen sowie historische Persönlichkeiten der Erfurter Stadtgeschichte darstellt.

Zwei Millionen Besucherinnen und Besucher werden alljährlich gezählt, nicht nur auf dem Domplatz als Erfurts zentralem Schauplatz, sondern in der gesamten Innenstadt über den Fischmarkt, die Schlösserbrücke, den Anger bis hin zum Willy-Brandt-Platz.

In mehr als 200 weihnachtlich dekorierten Holzhäuschen bieten Händlerinnen und Händler alles an, was zum Advent und zum Weihnachtsfest gehört: Kunsthandwerk und Weihnachtsdekoration, aber auch kulinarische Spezialitäten wie Thüringer Bratwurst und Erfurter Schnittchen. Vor allem diese bekannten Thüringer Spezialitäten sind auf dem Erfurter Weihnachtsmarkt beliebt und begehrt.

DRESDEN

DIE ANFÄNGE DES STRIEZELMARKTS

Im 19. Jahrhundert beginnt der Aufschwung der ältesten und größten Festmärkte – der Nürnberger Christkindlesmarkt, der Hamburger Dom (der zunächst ein Weihnachtsmarkt war, bevor er zum Kirmesrummel wurde), der Berliner Weihnachtsmarkt, der Frankfurter Christkindchesmarkt und nicht zuletzt der Dresdner Striezelmarkt.

Der Dresdner Lokalhistoriker Werner Ehlich schildert 1972 seine persönlichen Erinnerungen aus den ersten Jahrzehnten des 20. Jahrhunderts: »Acht Tage vor Weihnachten begann der Striezelmarkt. Da waren die Buden mit Pulsnitzer Pfefferkuchen, erzgebirgischem Spielzeug, Posamenten, Bändern und Plauener Spitzen, Kunstblumen, Pantoffeln und Hausrat. Im warmen Schein der armseligen Petroleumlampen, welche die Buden erhellten, wirkte alles zauberhaft, erst recht, wenn Schnee lag. Wie blinkte da der angebotene Christbaumschmuck, zu dem nicht nur Thüringer Glaskugeln, Sterne und Lametta gehörten, sondern auch die bunten, oft verzierten Wachskerzen und die Wachsstöcke. Kam man dann am ersten Feiertag

über die Striezelmarktplätze, war bereits jede Bude über Nacht verschwunden und alle Reste zusammengekehrt. Das war bezeichnend für die als besonders sauber geltende Stadt.«

Der Kunsthistoriker Fritz Löffler hingegen beklagt die Entwicklung des Marktgeschehens: »Ich denke an den Striezelmarkt in früheren Zeiten. Mit seinem Beginn eine Woche vor Weihnachten fand er wie der allwöchentliche Blumenmarkt durch die Jahrhunderte auf dem Altmarkt statt. Erst der zunehmende Verkehr mit seinen übergebührlichen Ansprüchen verdrängte das eigentliche Marktgeschehen der Budenstadt immer mehr. Der Striezelmarkt hatte sich auch sonst immer mehr verändert. Die Petroleumlampen und die Windlichter, die abends etwas mühselig, aber freundlich das gesamte Markttreiben überspielten, wichen elektrischer Beleuchtung. Die primitiven Buden, die jeder Aussteller selbst errichtete, wurden durch genormte Holzbauten ersetzt. Was sollte man tun, damit dieser traditionelle Budenzauber in einer ähnlichen Form erhalten blieb? Auf der Suche nach einem abge-

grenzten Ort fand sich der Hof des Johanneums. Bei der verhältnismäßigen Enge wurden nun die selbstgebauten Buden wieder zugelassen. In ihnen durften ausschließlich die charakteristischen Erzeugnisse des Landes feilgeboten werden. Der industrielle moderne Tinnef war im Hof des Johanneums nicht gefragt. Es war ein wenig von dem, was man heute als Nostalgie bezeichnet, entstanden – zur Freude aller großen und kleinen Besucher.«

Nostalgie und Tradition jedenfalls prägen den Dresdner Striezelmarkt bis heute. Neben Nürnberg kann er als Prototyp des deutschen Weihnachtsmarkts gelten.

LEIPZIG

Auch Leipzig reiht sich ein ins Ranking der größten und ältesten Weihnachtsmärkte in Deutschland. Und zwar an einem der vordersten Plätze. 260 Stände, weit über zwei Millionen Besucherinnen und Besucher – das ist schon eine Ansage. Hinzu kommt die lange Tradition des Leipziger Weihnachtsmarkts, denn seine Geschichte reicht bis ins Jahr 1458 zurück.

Wie vor über fünfhundert Jahren fügt sich der Leipziger Weihnachtsmarkt auch heute harmonisch in die faszinierende historische Kulisse der Leipziger Innenstadt ein.

TRADITIONEN UND ATTRAKTIONEN

Auf ihre Traditionen sind die Leipzigerinnen und Leipziger daher begreiflicherweise stolz. Wie auch auf die Attraktionen ihres Weihnachtsmarkts, zum Beispiel auf das *Historische Etagenkarussell* am Salzgässchen. Das in Teilen über hundert Jahre alte Karussell fiel vor der Eröffnung des Marktes im November 2009 einem Brand durch Kurzschluss zum Opfer, wurde aber be-

Leipziger
Weihnachtsmarkt

reits ein Jahr später originalgetreu wiederaufgebaut und erstrahlt seither in neuem Glanz. Oder der von 1997 bis 2012 aufgestellte und mit 857 Quadratmetern laut Guinness-Buch der Rekorde *Größte freistehende Adventskalender der Welt* an der Fassade eines Hauses im Böttchergässchen mit drei mal zwei Meter hohen Fenstern, der von Leipziger Schülerinnen und Schülern bespielt wurde.

Wie in anderen größeren Städten auch bietet der Weihnachtsmarkt in Leipzig mehrere Areale. Der zentrale Bereich ist der Marktplatz, auf dem die etwa zwanzig Meter hohe Weihnachtstanne den Mittelpunkt bildet, meist eine Fichte aus der Region (die unter Hunderten Lichtern versteckt, dass sie keine Tanne ist). Hier befindet sich auch die Marktbühne mit einem umfangreichen Programm verschiedenster Darbietungen, Konzerte und anderer Aktivitäten.

Vor dem Gewandhaus wird ein *Finnisches Dorf* aufgebaut, nicht weit entfernt davon ein zünftiges *Südtiroler Dorf*. In der Grimmaischen Straße haben die Tiere des *Magischen Waldes* ihren Auftritt. Ein historischer Markt auf dem Naschmarkt, eine Weihnachtskrippe mit echten Schafen, eine acht Meter hohe erzgebirgische Weihnachtspyramide auf dem Nikolaikirchhof, wo auch Leipzigs größter Adventskranz bestaunt werden kann.

Eröffnet wird der Markt – wie könnte es in Leipzig anders sein? – durch den Thomanerchor. Täglich spielen auch Turmbläser vom Balkon des Alten Rathauses weihnachtliche Melodien. Und alle zwei Jahre findet die *Erzgebirgische Bergparade* statt, ein Festzug mit fünfhundert Trachten tragenden Bergleuten und zweihundert Blasmusikanten, die für traditionell weihnachtliche Stimmung sorgen.

SCHÖNE ALTERNATIVEN

Auch außerhalb der Leipziger Innenstadt locken Weihnachtsmärkte: *Weihnachten am Kreuz* in der Kulturfabrik ist längst kein Insider-Tipp mehr, sondern gilt inzwischen als ernstzunehmende Alternative zu den großen Märkten im Stadtzentrum. Hier steht Handgefertigtes, Individuelles und Liebevolles im Vordergrund. Und auch Kinder kommen auf diesem Adventsmarkt auf ihre Kosten: Auf sie wartet mit

Weihnachtsliedern, Märchen und einem Wichtelkino jede Menge weihnachtlicher Spaß in der Kinderlounge.

Im Gohliser Schlösschen öffnet das *Forum Adventus* seine Tore: Ausgewählte Kunsthandwerker, Designer und Händler finden hier ein Forum für ihre Kunsterzeugnisse, die sie zum Staunen und Kaufen ausstellen. Für kulinarische Freuden sorgt das hauseigene Restaurant.

Und nicht zuletzt muss der Weihnachtsmarkt am Schloss Schönefeld besondere Erwähnung und Empfehlung finden. Vor dem weihnachtlich prächtig geschmückten Schlossgebäude gibt es Marktstände mit vielerlei handgefertigten Produkten aus der Region sowie kleinen Köstlichkeiten. Das Publikum freut sich auf die musikalische Unterhaltung und die heimelige Atmosphäre, die sich in den Abendstunden mit ihren magischen Lichtern einstellt. Und auch der Weihnachtsmann kommt hier zu Besuch …

GÖRLITZ

S*chlesischer Christkindelmarkt* nennt sich der Weihnachtsmarkt in der Görlitzer Altstadt. Sie ist nach der Wende wunderschön restauriert worden und verströmt Flair zu jeder Jahreszeit. Gerade auch im Winter, denn in der Adventszeit lässt sich in der romantischen Altstadt besinnliche Atmosphäre genießen: Prächtige Handelshäuser aus Renaissance und Barock bilden hier die Szenerie für den Görlitzer Christkindelmarkt, auf dem Händler, Gastronomen und Handwerker aus der Oberlausitz, Tschechien und Polen ihre Waren und Spezialitäten aus Schlesien, Sachsen und Böhmen präsentieren. Chöre und Musikensembles aus Görlitz gestalten das traditionelle Weihnachtssingen.

Der Duft von Pfefferkuchen, gebrannten Mandeln, Bratwurst und Glühwein lockt Groß und Klein auf den beliebten Markt. Die Kinder haben ihre Anlaufpunkte: Lesezelt, Bastelwagen, Eisenbahn und Kinderkarussell sowie Bilderbuchkino und Puppentheater auf der Bühne sind für die Kleinen vorbereitet. Ein reichhaltiges Kinderprogramm wird auch von Kindergärten und Schulen aus Görlitz und Zgorzelec veranstaltet.

Jeden Nachmittag kommt das Christkindel auf die Marktbühne, verkündet die frohe Botschaft und verteilt kleine Geschenke an Jung und Alt. Eine eigens für den Markt angefertigte Dialogkrippe lässt die Geschichte von Weihnachten lebendig werden.

So bietet der lebendige Marktplatz dem Publikum viele Attraktionen. Hell leuchten über dem Weihnachtsmarkt die traditionellen Herrnhuter Sterne. Auch die *Muschelminna* – ein 1887 erbauter Brunnen auf dem Postplatz – zieht wieder ihr leuchtendes Winterkleid an.

Nicht zuletzt das vielseitige kulturelle Angebot aus Stadtführungen, Ausstellungen und Musiktheater-Aufführungen rundet den Görlitz-Besuch in der kalten Jahreszeit ab. Bei einem Glühwein und traditioneller schlesischer Küche in einem der historischen Gewölbekeller lässt sich die Adventszeit wunderbar genießen.

TRIER

Eine große Geschichte mit beeindruckender Tradition hat der Trierer Weihnachtsmarkt nicht vorzuweisen. Er fand erstmals 1978 statt, entwickelte sich dann aber zu einem Publikumsmagneten und wurde oft in diversen Rankings als einer der schönsten in Deutschland aufgeführt. Seine Schauplätze: der Hauptmarkt und wegen der dort herrschenden Enge seit 1999 auch der Domfreihof.

Wer auf der Suche nach handgemachten und originellen Geschenken ist, wird auf dem Trierer Weihnachtsmarkt fündig. Denn in den über hundert adventlich dekorierten Holzbuden finden Naschkatzen und Spielzeugfans, Kerzenkäuferinnen und Gewürzverkoster, Liebhaberinnen handwerklicher und dekorativer, schmückender und nützlicher Dinge alles, was sie für sich und ihre Lieben brauchen.

Fast täglich gibt es auf der Bühne vor der Westfassade des Domes ein wechselndes Programm für die ganze Familie, das vom historischen Puppentheater über den Tenorauftritt bis zu Live-Events der regionalen Musikszene reicht. Deshalb trifft man auf dem Domfreihof und dem mittelalterlichen Hauptmarkt auch längst nicht nur den Weihnachtsmann und seine Mitarbeiter, den Nikolaus und die Engel der Weihnachtsbäckerei,

UGENOPTIK
Tannen hütte
SUBWAY

sondern auch die verschiedensten Kulturschaffenden an. Zum Auftakt wird – einzigartig in Deutschland – die neue Glühweinkönigin gekrönt. Ihr Weinangebot wie der »Original Winzerglühwein« oder der »Glühviez« kommt bei Besucherinnen und Besuchern auch aus Frankreich und Belgien besonders gut an.

Gastronomisch hat der Markt auch sonst einiges zu bieten: Eine dampfende Tasse Glühwein, ein mit Kristallzucker bestäubter Gebäckkringel, eine auf Vanille und Frucht gebettete Dampfnudel oder ein saftiges Stück Marzipanstollen haben hier noch jeden begeistert.

Nicht nur auf den zentralen Trierer Plätzen, auch neben der Porta Nigra kann man sein Weihnachtsglück finden. Hier präsentieren beim *Sterntaler Weihnachtsmarkt* zwischen den bunt ausgeleuchteten Arkaden des Brunnenhofs rund dreißig Stände ihre regionalen, mit Liebe handgemachten Produkte. Eine Empfehlung wert sind auch der *Adventslichter Weihnachtsmarkt* am Zurlaubener Moselufer und der *Glühweinmarkt* der Weinbaudomäne Avelsbach.

HEIDELBERG

Beim Adventsspaziergang durch Heidelberg lassen sich neben den malerischen Gassen und Sehenswürdigkeiten eine Vielzahl an weihnachtlichen Buden entdecken, die auf verschiedenen Plätzen in der Altstadt Geschenkideen anbieten. 130 Verkaufsstände verteilen sich auf sechs historischen Plätzen entlang der beleuchteten Straßen, wobei jeder Platz seinen eigenen weihnachtlichen Charme verbreitet.

Schon am Eingang zur Altstadt stimmt der Bismarckplatz mit seinem vorweihnachtlichen Flair auf einen unvergesslichen Weihnachtsmarktbesuch ein. Kulinarisches Highlight bietet eine Berghütte, die bei gemütlichem Kaminfeuer zu Schweizer Fondue-Spezialitäten einlädt. Von dort geht es direkt in die längste Fußgängerzone Deutschlands. Einen Besuch wert ist auf jeden Fall der Anatomiegarten mit seinen festlich geschmückten Hütten vor dem Denkmal des Chemikers Robert Bunsen.

Und dann der Universitätsplatz – der größte Platz des Heidelberger Weihnachtsmarkts –, wo man alles findet, was das Herz höherschlagen lässt: Kunsthandwerk, Weihnachtsartikel, Geschenkideen, Speisen und Getränke. Während sich die Kleinen auf dem antiken, über hundert Jahre alten Springpferdchen-Karussell vergnügen, gönnen sich die Eltern bei Glühwein und Bratwurst eine kleine Auszeit vom bunten Treiben.

Highlight des Marktplatzes zwischen Heiliggeistkirche und Rathaus ist die hölzerne Weihnachtsstadt rund um den Herkulesbrunnen. Stimmungsvolle Lichtprojektionen verbreiten eine festive Atmosphäre. Ihr Mittelpunkt ist die traditionelle Weihnachtspyramide mit Holzfiguren der Lokalgeschichte. Und natürlich das Heidelberger Fass – ein großes hölzernes Fass mit einem Fassungsvermögen von nicht weniger als 120.000 Litern. Damit ist es etwa halb so groß wie das Original im Heidelberger Schloss. Das Innere des Fasses lässt sich besteigen – über dem Verkaufsstand gibt es einen Raum mit herrlichem Logenblick auf das Markttreiben.

RAVENNASCHLUCHT

Wenn über einem verschneiten Hüttendorf ein riesiger Steinviadukt in die Höhe ragt, und wenn dort oben durch roten, blauen und grünen Lichternebel ein Zug über die Schlucht rauscht, dann ist das nicht etwa eine Szene aus einem Harry-Potter-Film, sondern eine zauberhafte Realität: Alljährlich versetzt der Weihnachtsmarkt in der Ravennaschlucht seine Besucherinnen und Besucher in Erstaunen und Entzücken. Dort wo die Höllentalbahn sich durch die wildromantische Bergschlucht bei Breitnau in den Hochschwarzwald schlängelt, sieht man weit unten ein einzigartiges Lichtermeer: Unter dem imposanten Viadukt leuchtet, klingt und duftet es wunderbar. Steile, bewaldete Hügel, der Galgenbühl beim Hofgut Sternen und der vierzig Meter hohe Eisenbahnviadukt rahmen diesen Markt ein.

Trotz der spektakulären Kulisse, die über dem Weihnachtsmarkt in der Ravennaschlucht aufragt und in wechselnden Farben erstrahlt, entsteht ein heimeliges, besonders stimmungsvolles Flair. Zu erleben gibt es traditionelles Handwerk und weihnachtliche Musik, während ein abwechslungsreiches Angebot an Speisen und Getränken für jeden Geschmack etwas bietet. An den festlich geschmückten Holzbuden darf man sich

über ausgesuchtes Kunsthandwerk und handgefertigte Unikate aus der Region freuen, und verführerisch steigt – von süß bis deftig – der Duft der Schwarzwälder Spezialitäten in die Nase, alles offeriert von herzlichen Menschen, die ihr Handwerk mit Leidenschaft betreiben. Ein Kinderprogramm im urigen Zollhäusle, Ziegengespannfahrten und lustige Bewohner im Ziegengehege lassen Kinderaugen strahlen.

Ein besonderes Erlebnis bietet die geführte Fackelwanderung: Vom Kurhaus in Hinterzarten geht es hinab bis zum Ausgang der Ravennaschlucht. An der historischen Kingenhofsäge werden die Fackeln angezündet, dann folgt die Wandergruppe einem Wildbach durchs Löffeltal bis zum Weihnachtsmarkt, den man dann nach Herzenslust erkunden und genießen kann.

Kerzen
12

NÜRNBERG

WENN GLOCKEN UND KASSEN KLINGELN

Erstaunlich, was die Stadt Nürnberg hervorgebracht oder gar erfunden und womit sie die Weihnachtsmärkte in Deutschland, ja ganz Europa inspiriert hat: das Christkind, der Rauschgoldengel, das Zwetschgermännla (vulgo Pflaumenkerl), das Spielzeug, der Lebkuchen, die Bratwurst – überall und mit allem setzt Nürnberg die Standards.

In dieser Stadt klingelten jedoch seit jeher nicht nur die Glocken süß, sondern auch die Kassen.

DAS CHRISTKIND ÜBER ALLEM

Die fränkische Metropole hat dem Christkindl eine zentrale, alles überstrahlende Bedeutung eingeräumt. Das Christkind – ursprünglich eine protestantische Erfindung – setzte sich allerdings und seltsamerweise vor allem in den katholischen Regionen Deutschlands durch. Andernorts spielte die Figur des blondgelockten Mädchens im weißen Kleid keine große Rolle, wie der Volkskundler Gunther Hirschfelder erklärt: Nachdem das Christkind einen starken Form- und Funktionswandel durchgemacht habe, sei es auch im protestantischen Weihnachtsbrauch vom säkularisierten Weihnachtsmann verdrängt worden.

Bis auf Nürnberg. Bereits während des 17. Jahrhunderts tritt hier in Christbescherungsspielen häufig das Christkind auf. Nicht nur trägt der Nürnberger Markt den Namen »Christkindlesmarkt«, das Christkind tritt hier Jahr für Jahr höchstpersönlich in Erscheinung – wie ein Karnevalsprinz oder eine Weinkönigin als leibhaftige Verkörperung eines Festes. Entsprechend großer Wert wird in Nürnberg auf das alljährliche Casting dieses Mädchens gelegt, das süße Unschuld, Model-Qualitäten und Glamourfaktor zusammenzubringen vermag. In der Vorweihnachtszeit hat es eine dichtgedrängte Agenda mit den verschiedensten zu absolvierenden Terminen, als allerersten den, mit seinem Prolog vom angestrahlten Rathausbalkon mit den vertrauten altfränkischen Versen den Christkindlesmarkt zu eröffnen.

Nürnberg hat ein Herz für Kinder, keine Frage. Das Christkind, so will es die Legende, soll einst auf dem Markt, der seinen Namen trägt, selbst eingekauft haben. Deshalb sei er so schön, wie ein Nest liege er in der Stadt, mittendrin. Wie gemacht für den Kinderglauben, dass ein himmlisches Wesen, angelockt von so viel Licht und Wohlgeruch, herabkomme zum irdischen Einkaufsbummel, um all die Gaben zu besorgen, die es den Kindern am Weihnachts-

Eröffnung des Weihnachtsmarkts durch das Nürnberger Christkind

Dies Städtlein in der Stadt,
aus Holz und Tuch gemacht,
so flüchtig, wie es scheint,
in seiner kurzen Pracht,
ist doch von Ewigkeit.
Mein Markt bleibt immer jung,
solang es Nürnberg gibt
und die Erinnerung.

FRIEDRICH BRÖGER

morgen beschert. Es gibt viele solch sentimentale Geschichten in Nürnberg, und auch wenn sie heute nicht mehr geglaubt werden, so sind und bleiben sie wirkmächtig.

NÜRNBERGER LEBKUCHEN

Über Nürnberg wölbt sich ein Lebkuchenhimmel, darunter stehen Knusperhäuschen, akkompagniert von Millionen runden und eckigen Dosen mit Elisenlebkuchen.

Im Nürnberger Lebkuchen kommt alles zusammen: die Liebe zur Tradition, die Geheimniskrämerei um überlieferte Rezepte und die Freude am Verbessern und Weiterentwickeln. Im vierzehnten und fünfzehnten Jahrhundert modellieren und erproben die Lebküchner ihr Gebäck in harter, manueller Arbeit. Heute produziert die weltberühmte Lebkuchenindustrie ihre Produkte jährlich in dreistelliger Millionenzahl. Der Nürnberger Lebkuchen ist ein gesetzlich geschützter Markenartikel.

So versteht sich der Nürnberger Christkindlesmarkt als einziges Lebkuchenhaus, von dem die ganze Welt naschen soll, als historischer Urtyp des deutschen Weihnachtsmarktes, überglänzt vom Rauschgold, voller Lichter und Geheimnisse, berauscht von Ge-

würzen und Aromen. Noch heute wollen Tausende Weihnachtsmärkte in Deutschland, in Europa, ja selbst in Übersee so sein wie der Christkindlesmarkt in Nürnberg. Wenigstens ein bisschen.

ROTHENBURG OB DER TAUBER

Wo könnte ein Weihnachtsmärchen wohl eher wahr werden als in der Tauberstadt mit ihrer altdeutschen Traumkulisse und einmaligen Dächer- und Türmelandschaft? Über fünfhundert Jahre gelebte Weihnachtstradition haben im Stadtbild von Rothenburg ob der Tauber unübersehbare Spuren hinterlassen. Und wenn diese malerische Stadt schon an den anderen elf Monaten des Jahres von Touristenscharen überrannt wird, im Dezember platzt sie aus allen Nähten, so groß ist der Andrang.

Das ist wohl das Geheimnis von Rothenburg ob der Tauber: eine historisch heile Welt der Butzenscheiben- und Fachwerkromantik, in der die Vergangenheit Gegenwart ist. Das Besondere und im Grunde auch Einzigartige am Weihnachtsmarkt dürfte vor allem diese Kulisse der romantischen Altstadt sein, in die er eingebettet ist.

Wenn auch hier wie anderswo verführerische Mandel- und Glühweindüfte durch die Gassen ziehen, festliche Weihnachtsklänge und allerhand kunsthandwerkliche Kostbarkeiten in geschmückten Buden auf Besucherinnen und Besucher von nah und fern warten.

Alle Jahre wieder verwandelt sich das mittelalterliche Rothenburg also in ein wahres Wintermärchen. Schon seit dem fünfzehnten Jahrhundert findet der festliche Advent hier mit dem Weihnachtsmarkt seinen Höhepunkt, und eigentlich hat sich nur wenig seit den historischen Ursprüngen geändert. Nur bekannter, ja weltberühmter ist er geworden: Immer wieder taucht Rothenburg auf deutschen wie internationalen Listen der »Schönsten Weihnachtsmärkte« auf.

Der *Reiterlesmarkt* findet unter Lichtergirlanden auf dem zentralen Platz in Rothenburg statt – rund um das Rathaus und auf dem Grünen Markt – und weitet sich in die von hier abgehenden Gassen aus. Ein Spaziergang über den Markt und durch die kleinen,

verwinkelten Gassen Rothenburgs lohnt sich in jedem Fall – und auch wenn wir hier an den rund sechzig Ständen und Buden das durchaus saisonübliche Angebot antreffen – Weihnachtsgebäck, Glühwein, fränkische Bratwürste, Flammkuchen, Krippenfiguren, Nussknacker und eine geradezu überbordende Fülle an Weihnachtsdekorationen – so ist die Wirkung doch immens und überraschend. Erst recht, wenn wir den Rathausturm besteigen, der sich direkt am zentralen Marktplatz befindet – die Mühe des Aufstiegs wird mit einem wunderbaren Ausblick über ganz Rothenburg belohnt.

Und alle, die dann von Weihnachten immer noch nicht genug bekommen haben, können dem bekannten *Weihnachtsdorf* der hier ansässigen Käthe Wohlfahrt einen Besuch abstatten, das Kundinnen und Kunden aus aller Welt anlockt. Hier findet man Tausende von Artikeln – also wirklich alles, was zu einem traditionellen deutschen Weihnachtsfest gehört.

COBURG

Glühwein oder Jagertee, der die Hände wärmt, der verheißungsvolle Duft von Bratäpfeln, gebrannten Mandeln, Zimt und Zuckerwaren, manchmal auch Schnee, der unter den Stiefeln knirscht: Die Vorweihnachtszeit zählt für viele Menschen zu den schönsten und stimmungsvollsten Wochen im Jahr.

Im Advent sollte man nicht an Coburg vorbeifahren, sonst verpasst man einen der stimmungsvollsten Weihnachtsmärkte in Bayern. Es wäre zu schade, nicht gemütlich durch die romantische Budenstadt zu bummeln und sich vom Angebot an den vielen geschmückten Ständen inspirieren zu lassen. Schöner und wunderbarer kann man sich kaum auf Weihnachten einstimmen.

Jedes Jahr öffnet der beliebte Coburger Weihnachtsmarkt pünktlich am Freitag vor dem ersten Advent seine Pforten. Rund um das Denkmal von Prinz Albert, eingebettet zwischen historischem Rathaus und der alten herzoglichen Kanzlei, finden sich die Bürgerinnen und Bürger von Coburg und ihre Gäste zu einem stimmungsvollen und festlichen Event zusammen. An den Adventswochenenden werden sie von verschiedenen Künstlern, Chören und Kapellen mit weihnacht-

licher Musik feierlich auf die Festtage eingestimmt.

Der Coburger Weihnachtsmarkt entfaltet seinen ganz eigenen Zauber. Die Lichterfülle in den Gassen lässt die jahrhundertealten Gebäude in warmen Farbtönen erstrahlen. Geschmückte Holzbuden, nicht zuletzt das farbige Sternenzelt mit seinem hübschen Lichtspiel lockt als überdachter Treffpunkt rund um das Prinz-Albert-Denkmal besonders abends viele Einheimische und Gäste an, die sich hier nach Feierabend zum Glühweintrinken treffen.

Zu entdecken gibt es in der Budenstadt vorweihnachtliche Freuden aller Art wie winterliche Tees, Schaffellprodukte, Töpferware oder Bienenwachskerzen. In den festlich beleuchteten Buden gibt es ein breites Angebot, das von Weihnachtsdekoration, kunsthandwerklichen Produkten, Schmuck, Holzspielzeug bis zu überregionalen Spezialitäten reicht. Manchen Kunsthandwerkern und Designern aus der Region kann man bei ihren Arbeiten sogar über die Schulter schauen.

Die Jüngsten unter den Besuchern können sich auf das nostalgische Kinderkarussell vor dem malerischen

Stadthaus freuen. Und auf das Christkind, natürlich. An den Sonntagen besucht das Christkind gemeinsam mit dem Weihnachtsmann den Markt, während der Nikolaus am 6. Dezember die großen und kleinen Gäste erfreut und süße Überraschungen verteilt.

BAMBERG

Der Ursprung des Bamberger Weihnachtsmarktes liegt zwar nicht wie vielerorts im Spätmittelalter, reicht aber immerhin bis in das Jahr 1911 zurück, als der erste weihnachtliche Markt auf der Promenade stattfand. Rund sechzig Jahre später musste er dem Zentralen Omnibusbahnhof weichen und wurde auf den Maximiliansplatz verlegt, wo er noch heute stattfindet. Hier eröffnet das Bamberger Christkind Ende November den traditionellen Weihnachtsmarkt – vor dem malerischen Hintergrund der Altstadt, inzwischen UNESCO-Welterbe, die dem Bamberger Weihnachtsmarkt eine besondere Atmosphäre verleiht.

Auf der Suche nach allerlei Brauchbarem und Schönem, Traditionellem und Leckerem erwartet uns in Bamberg jedoch mehr als nur ein Weihnachtsmarkt.

Viele Besucherinnen und Besucher kommen auch oder vor allem wegen der Krippen. Denn Bamberg ist nicht nur Kaiser- und Bischofsstadt, sondern obendrein Krippenstadt. Wie es in der Region Tradition ist, werden hier seit über vierhundert Jahren Tradition Weihnachtskrippen aufgestellt – große und kleine, historische und moderne, fränkische oder solche aus aller Welt lohnen einen Besuch.

Zur Adventszeit verwandeln sich inmitten der Bamberger Fußgängerzone Maximiliansplatz und Grüner Markt bis Gabelmann-Brunnen zum vorweihnachtlichen Festplatz. Wie in der gesamten Altstadt mit ihren erleuchteten und geschmückten Geschäften und Straßen riecht es hier nach gebrannten Mandeln, nach Glühwein und Lebkuchen. Spielzeug, Kunsthandwerk, Baumschmuck, Glaskugeln hängen an den Marktständen. Verführerisch zieht in die schnuppernden Nasen der Duft von heißen Maroni oder der fränkischen »Brodwurscht«, zu der man ein zünftiges »Schlenkerla«, das berühmte Bamberger Rauchbier trinkt. Unerlässlich ist es, eine Papiertüte mit Zimtsternen zu erstehen, das eigentliche Weihnachtsgebäck in Bamberg.

MÜNCHEN

Wie in anderen Großstädten kann man in der Adventszeit auch in München den Weihnachtsmärkten kaum entgehen. Weihnachtsmarkt im Plural, versteht sich, denn außer dem traditionellen Christkindlmarkt mit rund 20.000 Quadratmetern auf und rund um den Marienplatz gibt es mittlerweile noch viele andere Märkte, auf denen man an gemütlichen Ecken ein Haferl Glühwein, ein Stückerl Lebkuchen, eine Dampfnudel mit Vanille oder eine Bratwurst in der Semmel genießen kann.

EIN WEIHNACHTSMARKT DER TRADITIONEN

Vor der historistischen Kulisse des neugotischen Rathauses und mit dem Blick auf St. Peter verzaubert die Budenstadt, hinter der die beiden weltbekannten Türme der Frauenkirche aufragen, mit altbayerischem Charme. Der Weihnachtsmarkt auf dem Marienplatz verzichtet vollständig auf kalkulierte Effekte, aufregendes Lichtdesign, coole Foodtrucks, trubeligen Jahrmarkt mit lärmenden Fahrgeschäften. Er wirkt ein wenig wie aus der Zeit gefallen, verlässt sich ganz

auf die Strahlkraft lebendigen Brauchtums und alter Handwerkskünste, auf sein urwüchsiges, inzwischen deutlich in die Jahre gekommenes Konzept.

So hat auch hier auf dem Marienplatz – wie in Nürnberg – das Christkind als »Münchner Kindl« seinen Auftritt auf dem Rathausbalkon, von dem aus täglich bayerische Stubenmusik, Blasorchester und Chöre zur klangvollen Untermalung des Weihnachtsmarktes beitragen.

DER KRIPPERLMARKT

Deutschlands wohl größter Krippenmarkt gehört seit Mitte des achtzehnten Jahrhunderts zum traditionellen Münchner Weihnachtsmarkt und ist damit ein Stück Stadtgeschichte.

In diesem wahren Paradies für Krippenfreundinnen und -freunde findet sich alles, was für Bau, Gestaltung und Ausstattung einer traditionellen Krippe benötigt wird: geschnitzte Holzställe und handbemalte Figuren samt jeglichem nur denkbaren Inventar: Stern über und Laterne im Stall, flackernde Lagerfeuer, Brunnen mit Eimerchen, Leuchtkörper zur Illumination, Spreu für Ochs und Esel, Moos für die Schafe und Gaben für die Heiligen Drei Könige.

DER MÜNCHNER WEIHNACHTSMARKT-PARCOURS

Geschützt vor kaltem Wind und Schneetreiben liegt das Weihnachtsdorf im Kaiserhof der Residenz, dem großen Innenhof des Münchner Stadtschlosses. Märchenwald und Kasperltheater bringen nicht nur Kinderaugen zum Leuchten. Und wie es sich für ein bayerisches Dorf gehört, dürfen auch die Handwerker nicht fehlen: Goldschmiede, Fellgerber und Glasbläser lassen sich bei ihrer Arbeit über die Schultern blicken.

Auf dem *Mittelaltermarkt* am Wittelsbacherplatz im Herzen der Stadt, unweit von Odeonsplatz und Hofgarten, fühlt man sich mehr als ein halbes Jahrtausend in die Vergangenheit zurückversetzt. Marktstände mit spätgotischem Flair, ein keltisches Langhaus sowie originelle Nachbildungen historischer Verkaufsbuden faszinieren das Publikum jedes Jahrs auf Neue.

Belebt wird dieser Markt von Schaustellern und Händlern in mittelalterlichen Kostümen, Bühnenshows und Glühwein in altertümlich anmutenden Gefäßen lassen Mittelalter-Feeling aufkommen. In den Buden, die viel zum Schauen und Staunen bieten, gibt's »echte Handwerkskunst«, wie etwa Schmiedearbeiten, Ritterspiele-Bedarf oder handgesiedete Pflanzenseifen.

Auch das kulinarische Angebot ist selbstverständlich »altertümlich« ausgerichtet. Flammbrot, heiße Suppen, Rostbratwürste und auch die beliebte Wildsau am Spieß aus der *Wildbräterey* dürfen nicht fehlen. Daneben werden Heißgetränke wie Drachenglut (Glühwein) und Feuerzangenbowle angeboten. Für Kinder gibt's den Zwergentrunk. Ganz Mutige können Spezialitäten aus der Metschänke *Thors Hammer* probieren.

Wer im vorweihnachtlichen Schneegestöber durch den Englischen Garten stapft, kann in eine ganz bezaubernde Stimmung kommen: Abseits vom Trubel der Stadt steht er plötzlich in einem kleinen Marktdorf, das rund um den beleuchteten Chinesischen Turm aufgebaut wurde. Das Angebot des Christkindlmarkts im Englischen Garten inspiriert mit Künstlerischem und Handwerklichem und bietet außerdem auch Kulinarisches. Und im Geschichtenstadl zaubert eine Vorleserin mit spannenden Geschichten glücklichen Glanz in die Kinderaugen.

Einheimische und auch Gäste von nah und fern schätzen den familiären, beschaulichen Charakter des Haidhauser Weihnachtsmarkts rund um den Glas-

palastbrunnen am Weißenburger Platz, auf dem man sich im Advent mit Schnee und Lichterketten wie in einem Wintermärchen vorkommt. Für manche ist er sogar der schönste Christkindlmarkt Münchens. Fast täglich gibt es hier Weihnachtsmusik und ein Kinderprogramm.

Ab Ende November verwandelt sich das Gelände vor dem Cosimabad in den Bogenhausener Weihnachtszauberwald: In zwei großen Zelten mit Loungebereich und gemütlichen Sitzlandschaften startet allabendlich das Glühwein-Festival mit Berghüttenflair: Nicht weniger als dreißig Sorten Glühwein, Punsch und Feuerzangenbowle warten auf die Gäste. Im Freigelände präsentieren Kunsthandwerker in einer beleuchteten Tannenlandschaft ihre Arbeiten. Leckereien und Gerichte aus aller Welt werden frisch zubereitet (auch vegetarisch und vegan). Die Kinder freuen sich über eine nostalgische Kindereisenbahn, ein Karussell mit wunderschön bemalten historischen Fahrzeugen, ein Kasperltheater, einen Märchenerzähler – und alkoholfreie Kinderglühweine.

Kunstschaffende und Gastronomen bauen auf der Münchner Freiheit den stimmungsvollen Schwabinger Weihnachtsmarkt mit liebevollen Details und Geschenkideen auf. Natürlich bietet auch dieser Markt Genüsse aller Art, doch seine besondere und einzigartige Atmosphäre erhält er durch das Kunstzelt, den Skulpturenpfad mit Installationen, die Konzerte und Performances, Führungen und Kinderaktionen.

LINDAU

WILLKOMMEN ZUR HAFENWEIHNACHT

In der Adventszeit verwandelt sich die historische Altstadt von Lindau zu einer einzigartigen »Weihnachtsinsel«: In den Gassen und auf den Plätzen wird die festliche Lichterdekoration aufgehängt, auch die kleinen Geschäfte und Boutiquen schmücken sich, gemütliche Restaurants und Cafés laden zum Genießen ein, und am Hafen wird ein ganz besonderer Markt aufgebaut: Dank ihrer einzigartigen Lage – vor der Kulisse schneebedeckter Alpengipfel und direkt am Ufer des Bodensees, in dem sich funkelnde Lichter spiegeln – zählt die Lindauer *Hafenweihnacht* zu den schönsten Weihnachtsmärkten in Deutschland.

Dass sie in vielerlei Hinsicht bemerkenswert ist, lässt sich auch an der Uferpromenade, im *Märchenwald* mit sagenhaften Gestalten und echten Tieren erleben. Und auf der Bühne am Hafen, wo an sämtlichen Adventstagen Künstlerinnen und Künstler auftreten und ihr Publikum mit Musik und Tanz in eine festlich-beschwingte Stimmung versetzen.

Romantische Atmosphäre, zauberhaftes Programm – kaum irgendwo sonst kommen die Weihnachtsmarktfreunde entspannter auf ihre Kosten, funkeln die Lichter festlicher, erklingt die Musik stimmungsvoller, duftet sogar der Glühwein verlockender. Mit staunenden Augen flaniert das Publikum zwischen den liebevoll dekorierten Marktbuden, die mit ihrem hochwertigen Angebot an weihnachtlichem Kunsthandwerk überraschen. Nicht wenige der Marktstände werden von den Händlerinnen und Händlern der Stadt selbst betrieben: So machen Waren aus fairem Handel und Produkte aus der Region den Geschenkekauf zur nachhaltigen Freude.

WIEN

EINE NOSTALGISCHE ERINNERUNG

Obwohl der Rathausplatz schon in den sechziger Jahren immer wieder als Standort für den Christkindlmarkt in Erwägung gezogen wird, dauert es bis 1975, bis er vor der Silhouette des neugotischen Rathauses endlich eine bleibende Stätte findet. Er wird zum zentralen Weihnachtsmarkt der Stadt, geschmückt mit einem über dreißig Meter hohen Christbaum – jedes Jahr von einem anderen österreichischen Bundesland der Hauptstadt gestiftet. Heute sorgt ein Beleuchtungskonzept mit ausgeklügelter Lichtregie für eine spektakuläre Ausleuchtung und Illumination vor dem Rathaus, das auch selbst angestrahlt wird. Mit den Jahren wird der Weihnachtsmarkt immer mehr zur Eventlocation, zur Performance, zum touristischen Angebot. Immer mehr Gäste, aber immer weniger Wiener lockt dieser Markt an. Denn die Wiener haben längst Alternativen geschaffen und für sich entdeckt.

Frohe Weihnachten
24

Fünfundzwanzig Wiener Weihnachtsmärkte zählt eine Liste 2019 auf. Fast jeder Bezirk hat sein eigenes Angebot, sieben Märkte verzeichnet allein die Innere Stadt, also der Erste Bezirk. Im Mittelpunkt noch immer: der Rathausplatz, überrannt und überfüllt, ein einzigartig spektakuläres Winterwonderland, das mit seinen riesigen bunten Lichterketten in den Bäumen, seinen großen roten Herzen, überhaupt seiner üppig-kitschigen Dekoration ein bisschen so wirkt, als hätte hier Willy Wonka ein Pendant zu seiner Schokoladenfabrik errichtet. Für die einen traumhaft, für die anderen alptraumhaft. Der Rathausplatz als Weihnachtsarena ist in der Tat beeindruckend, verfehlt seine Wirkung auf Touristen und Gäste nicht. Eine Eislaufbahn führt durch den Rathauspark. Die Wienerinnen und Wiener aber fühlen sich hier nicht mehr ganz so wohl, sie weichen auf ruhigere Märkte aus, um ihren Punsch zu

trinken oder sich an heißen Maroni die Lippen zu verbrennen.

Eine Alternative ist seit 1993 der Kultur- und Weihnachtsmarkt vor Schloss Schönbrunn, quasi Kaiserin Elisabeths Christkindlmarkt. Er wirkt vor allem durch seine Kulisse mit dem beleuchteten Schloss im Hintergrund. Neben der weihnachtsüblichen Kulinarik warten die 80 Standln vor Schönbrunn vor allem mit traditionellem Kunsthandwerk, Holzschnitzereien, Kerzen, nostalgischem Spielzeug, Christbaumschmuck und anderen Dekorationsartikeln auf.

Auch der Karlsplatz – genauer der Resselpark vor der angestrahlten Karlskirche – bietet mit seinem nachhaltigen *Art Advent* viel Kunst und Handwerk, vor allem auch eine tolle Stimmung und wird wohl nicht zuletzt deshalb in Umfragen oft zum beliebtesten Wiener

Weihnachtsmarkt gewählt. Er wirkt auf diesem runden Platz nicht so wie am Reißbrett geplant, sondern urwüchsiger, irgendwie authentischer, die üblichen schnurgeraden Gänge oder Budenstraßen gibt es hier nicht. Schauwerkstätten, Musikauftritte, Bio-Gastronomie, Streichelzoo – der Karlsplatz hat immer einiges zu bieten, was man auf anderen Märkten nicht findet.

Ein Weihnachtsdorf ist auf dem Maria-Theresien-Platz aufgebaut, auf dem Areal zwischen dem Kunsthistorischen Museum und seinem gegenüberliegenden Pendant, dem Naturhistorischen Museum. Hier geht der Weihnachtsmarkt am 27. Dezember über in ein Silvesterdorf (bis 6. Januar).

Der Spittelberg bietet in der Adventszeit Punsch mit Altstadtflair. Durch enge Pflastersteingässchen bahnen sich die Marktbesucher ihren Weg, kaufen liebevolles Handwerk, kehren unterwegs auch in Lokalen, Geschäften und Kunstgalerien des Viertels ein. Nirgendwo sonst gibt es dieses einzigartige Ambiente einer barock-biedermeierlichen Wiener Vorstadt mit ihren schmalen, heimeligen Gassen.

Die Freyung bietet auf einem Bauernmarkt ein Eldorado bodenständiger Genüsse. Mit einem Alt-Wiener Christkindlmarkt schließt sich dann der Kreis. Aber wer mag, kann noch zum Stephansplatz weiterziehen – auf den kleinsten Weihnachtsmarkt der Stadt.

SALZBURG

Der historische Salzburger Christkindlmarkt am Dom- und Residenzplatz gilt als einer der schönsten und ältesten Adventmärkte Österreichs. Nicht nur seine pittoreske Lage mitten im »Schaufenster Salzburgs«, auch Ursprung und Geschichte machen den Markt zu etwas ganz Besonderem.

Den Salzburger Christkindlmarkt in der heutigen Form gibt es seit 1974. Jedes Jahr wird der Markt am Donnerstag in der Vorwoche des ersten Adventsonntags mit einer feierlichen Zeremonie eröffnet und schließt seine Pforten wieder am 26. Dezember. Von regionalem Brauchtum über nostalgische Dekoration für den Christbaum, Geschenke für Groß und Klein, Glasbläsereien, traditionelle Handwerkskunst, Weihrauch für die besinnliche Zeit bis hin zu allerlei Gaumenfreuden, die

österreichische Spezialitäten, Glühwein und Punsch zu bieten haben – auf dem Weihnachtsmarkt am Salzburger Dom gibt es heute alles, was das Herz begehrt.

Weihnachtliche Klänge beim Turmblasen und traditionelle Adventslieder, dargeboten von verschiedenen Chören, versetzen in eine besinnlich-fröhliche Weihnachtsstimmung.

HELLBRUNNER ADVENTZAUBER

Der wohl romantischste Weihnachtsmarkt in Salzburg ist im Innenhof von Schloss Hellbrunn zu finden. Hier werden die Besucherinnen und Besucher in einem festlichen Ambiente mit einem Märchenwald aus mehr als vierhundert geschmückten Nadelbäumen empfangen.

Damit auch den Kleinen nicht langweilig wird, ist am *Hellbrunner Adventzauber* mit einer Kinderweihnachtswelt gesorgt. Hier gibt es nicht nur einen Streichelzoo mit den Tieren des Zoos Hellbrunn, sondern auch ein Lagerfeuer mit Würstchengrillen, eine Keksbackstube, Ponyreiten und einen Weihnachtszug.

Und wer die Wünsche ans Christkind auch schon fertig geschrieben hat, kann diese hier am Weihnachtspostamt aufgeben.

Ein Aufstieg, der sich lohnt: Über hundert große Herrnhuter Sterne erleuchten die Festungsgasse und den Burghof und tauchen diese in ein stimmungsvolles Lichtermeer. Der romantische Adventmarkt in der Festung Hohensalzburg, dem weltberühmten Wahrzeichen der Stadt, bietet eine feine Auswahl an Spezialitäten, lokalem Handwerk, Geschenkideen und ein unterhaltsames Rahmenprogramm.

Der kleinste und gemütlichste Weihnachtsmarkt der Stadt befindet sich direkt vor dem Schloss Mirabell im Zentrum von Salzburg. All jene, die auf dem Weg vom Bahnhof in die Altstadt sind, kommen direkt an diesem Markt vorbei, wo sie schon die ersten weihnachtlichen Köstlichkeiten genießen und sich vom Adventzauber der Stadt gefangennehmen lassen können.

VADIAN

ST. GALLEN

In St. Gallen hat man sich dafür entschieden, den Weihnachtsmarkt unter ein Motto zu stellen: Er heißt *Schweizer Sternenstadt*, weil über siebenhundert große Sterne über den Plätzen und Gassen der Altstadt die historischen Fassaden der UNESCO-Weltkulturerbe-Stadt in ein stimmungsvolles, festliches Lichtermeer tauchen. Auf dem Klosterplatz, direkt vor den Türmen der barocken Kathedrale setzt der große geschmückte Christbaum den glanzvollen Mittelpunkt des Weihnachtsmarkts. Hier lässt sich beim Bummeln in den mehr als fünfzig hübsch verzierten Giebelhäuschen hochwertiges Schweizer Handwerk entdecken. Kulinarisch spielen Glühwein, Feuerzangenbowle und insbesondere die St. Galler Bratwürste die wichtigste Rolle.

Geschichten und Anekdoten rund um die Sternenstadt erfahren die Gäste auf dem Rundgang »Weihnachtliches St. Gallen«, der in der Adventszeit angenommen wird. Traditionell ist der Weihnachtsmarkt bis zum 24. Dezember geöffnet, die Sterne leuchten noch ein paar Tage länger – bis zum Dreikönigstag 6. Januar.

SWAROVSKI
SWAROVSKI

ZÜRICH

Wer in der Adventszeit nach Zürich reist, geht zum Weihnachtsmarkt nur wenige Schritte: Der *Christkindlimarkt* in der historischen Halle des Hauptbahnhofs gehört inzwischen zu den vorweihnachtlichen Publikumsmagneten der Stadt und gilt als einer der größten Indoor-Weihnachtsmärkte Europas. Vom Zugverkehr bekommt man in dieser hohen imposanten Bahnhofshalle nichts mit.

Dieser Weihnachtsmarkt ist mit seinen rund 150 Häuschen eher traditionell, bietet vielfältige Eindrücke und für jeden Geschmack etwas: Kunsthandwerk aus aller Welt, originelle Geschenkideen, weihnachtliche Spezialitäten und andere Delikatessen.

Sein glitzernder Mittelpunkt ist unübersehbar der fünfzehn Meter hohe, mit Tausenden Swarovski-Kristallen geschmückte Weihnachtsbaum, der unablässig mit Smartphones abfotografiert wird.

Am Ende der Bahnhofstraße biegt man nach links und sieht in fußläufiger Nähe schon ein Spektakel der besonderen Art: das *Wienachtsdorf*. Direkt am Zürichsee gelegen, zwischen Bellevue und Opernhaus, ist dies weniger ein Weihnachtsmarkt im klassischen Sinn als vielmehr eine unbekümmerte Mischung aus Streetfood-Festival, Designmarkt und Eislaufbahn, die vor allem

ein jüngeres Publikum anzieht. Der riesige Sechseläutenplatz wird dann zum Eventareal, das gastronomisch durchaus einige Akzente setzt: Über dreißig Stände laden zu kulinarischen Ausflügen nach Israel, Dänemark, Libanon, Vietnam oder andere Länder, und Fondue gibt's im regelmäßig ausgebuchten Fondue-Zelt. Ein noch junges Konzept, das trotz aller Trubeligkeit auch Raum für Weihnachtsstimmung lässt..

Es gibt aber auch kleinere und stillere Weihnachtsmärkte in Zürich, etwa auf dem *Münsterhof* (mit Systemständen und Baldachinen) oder im liebevoll *Dörfli* genannten Niederdorf mit seinen alten Häusern und kopfsteingepflasterten Gassen.

BASEL

Die Stadt am Rhein entfaltet in den Adventswochen einen ganz besonderen Charme: Dann verwandelt sich die vorweihnachtlich geschmückte historische Altstadt von Basel zur stimmungsvollen »Weihnachtsstadt«.

Dazu gehört auch der Weihnachtsmarkt auf dem Barfüsserplatz und dem nur einen kurzen Fußweg entfernten Münsterplatz. Die jeweils gleichnamigen, ehrwürdigen Kirchen geben im Lichtermeer ein romantisches Bild ab. Während man unter großen Kastanienbäumen bummelt, so manchen hochwertigen Geschenkartikel entdeckt, Glühwein, typisches Basler Leckerli und herzhafte Spezialitäten genießt, kann man sich der Magie dieses Weihnachtsmarkts nicht entziehen. Er öffnet seine Tore zeitgleich mit den Märkten auf der Terrasse des Hotel Merian (Café Spitz) und auf dem Areal des Bahnhofs SBB. Ein prachtvoller Weihnachtsbaum zieht alle Blicke auf sich.

Über eine halbe Million Besucherinnen und Besucher aus dem In- und Ausland wissen jedes Jahr diese faszinierende und für die Schweiz einmalige Erlebniswelt zu schätzen: Der *Basler Winterzauber* bietet vieles zum Staunen und Erleben, punktet mit spannenden Attraktionen und kulinarischen Angeboten: weit über hun-

dert dekorierte Stände (vor allem mit traditionellem Kunsthandwerk) zum Stöbern, das Riesenrad (weltweit eines größten und sogar beheizt), eine verschlungene Märchenlandschaft zum Eislaufen, das doppelstöckige Walliser Chalet mit Raclette und Fondue. Auf der *Winterzauberbühne* läuft ein vielfältiges kulturelles Programm – von Musik bis Artistik, von Magie bis Theater.

AUSGANG

DIE ZUKUNFT DES WEIHNACHTSMARKTS

WAS BLEIBT UND WAS ANDERS WIRD

DIE SCHATTENSEITEN DES ERFOLGS

Viele Menschen wünschen sich den Weihnachtsmarkt schön romantisch, möglichst mit Schnee und ohne Gedränge. Wie in alten Zeiten eben. So wie Touristen am liebsten unbehelligt von anderen Besuchern ungestört durch Venedig oder Florenz flanieren und die Stadt für sich haben wollen. Doch die Beliebtheit des Weihnachtsmarkts ist auch sein Fluch: Sobald sich die Dämmerung herabsenkt und die Lichter leuchten, werden die Märkte von Menschenmengen geflutet, die mit dem Anspruch besinnlicher oder beschaulicher Stimmung nicht mehr zu vereinbaren sind.

Weihnachtsmärkte sind oft Massenspektakel, keine Frage. Niemand kennt genaue Besucherzahlen, alles beruht auf Schätzungen, aber unbestreit- und vor allem auch fühlbar sind es Hunderttausende, welche die Weihnachtsmärkte in den großen und kleinen Städten frequentieren.

Dass dort oft ein beängstigendes Gewühl, ja »übergriffiges« Gedränge herrscht, wer wollte das leugnen? Rasch gewinnt dann Gesellschafts- und Konsumkritik

Oberhand: dass dort (nur) Geschäfte gemacht würden, dass dort (nur) der Kommerz blühe, und dass die einst so stimmungsvolle Atmosphäre eben perdu sei. Touristenmassen, die in Bussen sogar von weither herangeschafft werden, lassen rasch ein Gefühl der Beengung, ja »Überfremdung« entstehen, wenn sich die Menschenmenge in den Budengassen staut und man mehr Körperkontakte hat, als einem lieb ist. Dann schlägt die Stimmung um, entdeckt mancher seine traditionalistische Ader und macht sich über »romantischen Kitsch« und »verlogene Lebkuchendörfer« lustig. Oder beklagt »Geschäftemacherei« und »Kommerzialisierung«. Oder trauert insgeheim, dort nichts mehr vom Glanz früherer Zeiten zu finden, keine Erinnerung an leuchtende Kinderaugen, sondern grölende Trinkfreudige und sich mit saisonalem Nippes eindeckende Touristenscharen.

Warum eigentlich? Was bringt einen auf die Idee, vor lauter Romantik, Lichterglanz, Duftrausch und Kinderstaunen zu vergessen, dass es sich um einen Markt handelt, wo eben verkauft und gekauft wird, was nun mal der Sinn einer merkantilen Veranstaltung sein dürfte? Denn ein Markt ist – wie das Lexikon weiß – eine »Veranstaltung«, bei der zu bestimmten Zeiten an bestimmten Orten Käufer und Verkäufer zusammentreffen, um Waren zu erstehen oder abzusetzen. Nirgendwo steht geschrieben, dass es dort nicht turbulent oder ausgelassen zugehen darf. Und doch besteht ein Unterschied darin, ob man in seiner Hütte den Glühwein nach traditionellen Rezepten selbst ansetzt und würzt oder ob man ihn aus Plastikfässern der Massenproduktion ausschenkt. Ob Weihnachtsmärkte Marketing-Großveranstaltungen sind oder doch noch solche mit religiöser Provenienz und bürgerlichem

Gemeinsinn. Und ob sie noch Nischen zum Innehalten anbieten oder man das Drängeln und Schubsen mit einem »Ist halt so« achselzuckend hinnimmt. Wer auch immer mit Fug und Recht sein Unbehagen an den allgegenwärtigen und zunehmenden »Auswüchsen« zum Ausdruck bringen will – dem Weihnachtsmarkt vorwerfen, dass er eben ein Markt ist, sollte er nicht.

Auch wenn der Fluch des Weihnachtsmarkts sein Erfolg ist, gibt es doch in fast jeder Stadt auch die kleineren Märkte, in denen es weitaus ruhiger zugeht. Ein Trend geht auch zu spezifischen, oft kreativen Angeboten, die sich an bestimmte Zielgruppen richten: vom schwul-lesbischen Weihnachtsmarkt – wie dem *Pink Christmas* in München – über vegane (etwa *Anis & Zauber* in Duisburg) oder dezidiert umweltbewusste Märkte (wie das *Tollwood* in München). Man ist den

großen Publikumsmagneten in den überlaufenen Innenstädten keineswegs hilflos ausgeliefert, man kann oft auch interessante, spannende Alternativen entdecken – kleinere Märkte der Kooperativen und Kreativen, überschaubare Veranstaltungen, auf denen der Andrang nicht beängstigend und das Vergnügen nicht beeinträchtigt ist.

DER WEIHNACHTSMARKT ALS WIRTSCHAFTSFAKTOR

Heute ist der Weihnachtsmarkt nicht nur ein beliebter Besucher- und Touristenmagnet, sondern auch ein veritabler Wirtschaftsfaktor. In vielen Städten sind die Weihnachtsmärkte inzwischen zu gigantischen »Großveranstaltungen« mit einem enormen logistischen und organisatorischen Aufwand geworden, mit dem die Stadtverwaltungen oft überfordert sind. Die Mehrzahl dieser großen »Eventmärkte« sind längst nicht mehr in kommunaler Verantwortung, sondern »outgesourct« an kommerzielle Eventveranstalter, die sich an den vermeintlichen Erwartungen des Publikums ebenso wie an Profitmaximierung orientieren.

Das Glühwein-Business boomt. Der Weihnachtsmarkt ist zu einer Wirtschaftswelt für sich geworden, zu einem Milliardengeschäft, in dem Branchenriesen Millionen scheffeln, Mitarbeiter zu bescheidenen Löhnen schuften, kleine Händler und Kunsthandwerksbe-

triebe um ihr Überleben kämpfen. Über 300.000 Menschen arbeiten auf den deutschen Weihnachtsmärkten, wird geschätzt – vom Spitzenverdiener und Marktbeherrscher bis zur Idealistin und Nischenfrau. Laura Himmelreich stellt fest: »Der Weihnachtsmarkt ist ein Mikrokosmos, doch es gelten dieselben Mechanismen wie für die gesamte deutsche Wirtschaft: Es entscheiden einflussreiche Privatleute, Verbände und Politiker. Und auch hier stellt sich die Frage: Wer organisiert die Märkte besser, die Stadt oder ein privater Betreiber?«

Kaum noch ein Drittel der Weihnachtsmärkte ist komplett in der Hand der Kommunen, die Mehrheit wird von Schaustellern, ihren Verbänden oder ihren Firmen betrieben. Auch das Eventbusiness und andere private Betreiber haben längst den Weihnachtsmarkt entdeckt – ihre Interessen dürften sich von denen der Stadt unterscheiden.

Vielerorts haben professionelle Organisatoren den Weihnachtsmarkt längst mit stylish-nostalgischem Design durchgestaltet: Die Buden sehen alle gleich aus, sie haben alle ein einheitlich bemaltes Schild und überall dieselbe Dekoration aus Tannengrün und Lichterketten »von der Stange«. Ein uniformes und kompatibles Design, der Schnee auf den Dächern wird simuliert, das ausgeklügelte »Lichtkonzept« will überwältigen.

Wir finden diese genormte Glühweinseligkeit und standardisierte Uniformität nahezu überall, empfinden sie – vielleicht nur unbewusst oder diffus – als problematisch, als nicht »stimmig«. Als Kapitalismus im Kerzenlicht, ein bisschen heimelig verbrämt.

Das Christkindl und der Posaunenchor auf dem Rathausbalkon sinken dann zu einem folkloristischen

Zugeständnis an ältere Nostalgiker herab. Auf den Verkaufsständen findet sich allzu oft Ramschware aus dubiosen Quellen. Es dominieren die modischen Trendfarben der Saison, die alljährlich auf der *Christmas World*-Messe festgelegt und global ausgerufen werden – letztes Jahr war der Weihnachtsbaum noch rot und gold, dieses Jahr ist er pastellfarben, nächstes Jahr wird er grellpink oder türkis sein.

Warum holen die städtischen Behörden und Ämter oft private Betreiber und Beschicker an Bord, delegieren sie die Weihnachtsmärkte an die Privatwirtschaft? Vielleicht weil diese planerisch und organisatorisch professioneller und wohl auch investitionsbereiter ist als der kommunale Kämmerer, der auf seine Kasse schauen muss. Sie übertragen ihnen weitreichende Kompetenzen, was allerdings nicht selten zu Konflikten über die Ausrichtung der Weihnachtsmärkte

führt: Die Städte »setzen im Gegensatz zu privaten Betreibern stärker darauf, Attraktionen zu bieten, die das Image der Stadt langfristig verbessern und Touristen anlocken« (Laura Himmelreich).

SPEKTAKEL DER SUPERLATIVE

Eine Strategie, die Bedeutung und Attraktivität des Weihnachtsmarkts zu steigern, ist die Gigantonomie. Der Wettstreit um Superlative ist längst entbrannt und treibt mitunter kuriose Blüten: Der größte Weihnachtsbaum der Welt in Dortmund, die größte Glühweintasse der Welt in Mainz, die größte Weihnachtspyramide der Welt in Kassel füllen das Guinness-Buch der Rekorde ebenso wie die größte erzgebirgische Stufenpyramide und der größte begehbare Schwibbogen in Dresden, der größte freistehende Adventskalender in Leipzig, die größte Feuerzangenbowle in München, die größte Weihnachtsspieldose und nicht zuletzt der mit sechs Metern größte vollfunktionstüchtige Nussknacker in Osnabrück. Und so weiter und so fort. Weltrekorde auf den Weihnachtsmärkten, wohin man kommt. Ein Überbietungswettstreit, in dem man punkten will.

Überdimensionale Adventskalender in den Fenstern von Rathaus- und Schlossfassaden gehören ebenso zu diesen Attraktionen wie die »Fliegenden Weihnachtsmänner« und andere Spektakel, die keinen oder wenig Umsatz bringen, aber »unvergessliche Erlebnisse« bieten wollen. So wie auch die unzähligen Angebote für Familien mit ihren Kindern: Märchenland, Märchenschiff, Märchengasse, Märchenumzug und Märchenbühne, dampfbetriebene Mini-Eisenbahnen, Mitmachaktivitäten für die Kleinen (Kerzenziehen, Bastelbuden,

Plätzchenbacken, Christbaumschmücken, Wichtelwerkstatt), Kasperltheater, lebendige Krippen (mit echten Tieren), Vorleserinnen, Gaukler und Straßenmusikantinnen.

Noch immer wird auf den Weihnachtsmärkten viel Mittelalter simuliert und beschworen: Kunsthandwerker-Vorführungen (Schmieden, Filzen, Besenbinden, Holzschnitzen, Glasblasen), Nachtwächter-Führungen, Freibeuterdörfer und von was man sich sonst allerlei »mittelalterliches Flair« verspricht – bis hin zu kompletten Mittelalter-Märkten, auf denen filzkostümierte Bartträger uriges Handwerk verkaufen und Met ausschenken. Viktorianische Weihnachtsmärkte locken Steampunk-Fans, Flohmärkte stellen antike Spielsachen und Sammlerstücke, alte Kaufmannsläden und Puppenhäuser, Eisenbahnen und Dampfmaschinen, Teddys und Puppen in ihre mit Raritäten dekorierten Holzbuden.

Das alles dürfte weniger umsatz- als eher stimmungsrelevant sein. Und trotzdem erhöht es den Wirtschaftsfaktor eines Weihnachtsmarkts nicht unerheblich. Zwischen sechs und acht Milliarden Euro Umsatz spülen die deutschen Weihnachtsmärkte heute in die Kassen ihrer Betreiber und Händler, schätzen Wirtschaftsverbände und Wissenschaftler. Keiner kann dem Weihnachtsmann ins große Kassenbuch gucken, mit exakten Zahlen kann niemand aufwarten, doch sie dürften noch größer sein, zählt man die umliegenden Geschäfte, Hotels und Gastronomiebetriebe, die Taxifahrer und den öffentlichen Nahverkehr dazu, die vom Publikum der Weihnachtsmärkte zum Teil erheblich profitieren.

Das Gefälle auf dem Markt ist allerdings enorm: Am besten gehen nach wie vor Bratwurstbuden und Glühweinstände, sie subventionieren mit ihren erheblich höheren Standmieten die umsatzschwächeren Süßigkeiten- und Dekorationshändler, die für ihren Stand weniger Miete entrichten müssen.

RUMMEL, RAUSCH UND REMMIDEMMI

Auch der Trend zum Rummel ist auf den Weihnachtsmärkten seit Jahren unverkennbar. Er dürfte auch unumkehrbar sein, denn nicht wenige Besucherinnen und Besucher haben sich daran gewöhnt und erwarten ihn auch. Längst ist es nicht mehr nur das historisch-nostalgische Kinderkarussell, das mit Kirmesorgelmusik seine Runden dreht und die Augen der Kinder (manchmal aber auch nur der Eltern) zum Glänzen bringt. Oder das Riesenrad, das still am Rand des

Marktes steht und vor dem man schon beim Davorstehen und Zuschauen ins Träumen kommt.

Mancherorts ist der Weihnachtsmarkt schon zum Anhängsel einer Kirmes mit ihren grellen, lärmenden Fahrgeschäften und überdimensionierten Ausschankhütten geworden, in denen noch mehr Glühwein und Jagertee konsumiert wird als sonst auf dem Markt. Es ist nicht alles nur Rausch und Remmidemmi, hat aber mit Weihnachten wenig bis gar nichts zu tun.

DER WEIHNACHTSMARKT ALS POP-UP-FREIZEITPARK

So sind manche Weihnachtsmärkte heute sogar eher Themen- oder Pop-up-Freizeitparks, durchorganisierte Massenvergnügungen. Man muss keine prophetische Gabe besitzen, um zu erkennen (oder zu befürchten, je nachdem), dass diese Tendenz sich zumindest punktuell noch verstärken wird: der Trend zum Vor- und Durchglühen, zur Feiermeile, zur Afterwork-Party, zum adventlichen Karneval, in dem man sich mit blinkenden Lämpchen verzierte Santa-Mützen aufzieht und mit Glühwein abfüllt. Dort herrscht dann allerdings mehr Feeling als Gefühl, mehr Fun als Phantasie. Weihnachtlich ist vielleicht noch die Dekoration, aber auch die ist aus Plastik.

In einigen Städten (eher den größeren) ist man nach wie vor überzeugt, die Jüngeren – und damit eine größere Reichweite – nur dann gewinnen zu können, wenn man ihnen den Raum für solche »Events« gibt.

ZURÜCK IN DIE ZUKUNFT

Solche und ähnliche restlos säkularisierten und durchkommerzialisierten Events laufen auf eine stillschweigende (beziehungsweise eher lautgrölende) Okkupation hinaus, auf die Eroberung und Besetzung eines öffentlichen Raumes, der einem anderen Sinn und Zweck dienen will und soll als dem Rausch und dem Rummel. Nicht allen gefällt diese Entwicklung, und unvermeidbar ist sie erst recht nicht.

In anderen Städten (eher den kleineren) formiert sich daher Widerstand gegen die immer stärker ausufernden Rummelplätze, gegen immer lautere Feier-

Exzesse. Hier besinnt man sich eher wieder auf Tradition, die durchaus phantasievoll interpretiert wird, in ihrem Sinngehalt und ihrer Aussagekraft jedoch erkennbar bleibt. Authentizität und liebevoll Handgemachtes behalten den Vorzug vor Massenware, Unverwechselbarkeit und Originalität sind wichtiger als Austauschbares und Vorfabriziertes, man will das Gefühl für Proportion und Angemessenheit erhalten und kultivieren.

Wie auch immer, kaum jemand bezweifelt, dass der Weihnachtsmarkt ein beliebtes Ereignis, ja der Höhe- und Schlusspunkt im kommunalen Festkalender bleiben wird. Dass er nicht nur eine Vergangenheit, sondern auch eine Zukunft hat. Die Frage ist nur, welche. Doch wenn wir im Dezember wieder mit der Familie oder Freunden über die Weihnachtsmärkte bummeln, hoffen wir noch immer auf eine Zeitreise voller Nostalgie, auf ein Fest der Sinne und der Liebe. Wir wollen, dass der Weihnachtsmarkt ein Gefühl bleibt.

BIBLIOGRAPHIE

Burghard Bartos: Weihnachtsmärkte & Co. München 2003.

Deutscher Schaustellerbund: Erfolgsgeschichte Weihnachtsmärkte. In. Jahresbericht 2017. Berlin 2017.

Frankfurter Neue Presse: Reiseziel Weihnachtsmarkt: Eine Erfolgsgeschichte mit Schattenseiten. 28. November 2018.

Philipp Glahé: Der Weihnachtsmarkt: Kurze Geschichte eines Sehnsuchtsortes. www.glahe.net 8. Dezember 2018.

Florian Gontek: Wie der Weihnachtsmarkt zum Volksfest verkommt. In: DER SPIEGEL, 18. Dezember 2018 (online).

Laura Himmelreich: Das Glühwein-Business boomt. Milliardengeschäft Weihnachtsmarkt. In: DER SPIEGEL, 9. Dezember 2009 (online).

Markus Latka: Die schönsten Weihnachtsmarkt-Spaziergänge, Mannheim 2017.

Christa Lorenz: Berliner Weihnachtsmarkt. Bilder und Geschichten aus fünf Jahrhunderten. Berlin 1986.

Marion Maier: Das Viktorianische Zeitalter grüßt. In: *Volksfreund* vom 11. Dezember 2017.

Birgit Poppe: Frauen feiern Weihnachten. Wien 2019.

Astrid Rose: Christmarkt / Weihnachtsmarkt / Alle Jahre wieder. In: Stadt und Geschichte. Zeitschrift für Erfurt. 3/2020.

Barbara Scheffran (Hrsg.): Alle Jahre wieder. Die Geschichte vom geschmückten Baum, Dortmund 1998.

Stephan Wahle: Die stillste Nacht. Das Fest der Geburt Jesu von den Anfängen bis heute. Freiburg 2018.

Ingeborg Weber-Kellermann: Das Weihnachtsfest. Eine Kultur- und Sozialgeschichte der Weihnachtszeit. Luzern/Frankfurt am Main 1978.

Wikipedia: Artikel *Weihnachtsmarkt* und Einzelartikel zu Weihnachtsmärkten bestimmter Städte.

BILDNACHWEIS

Seite 1 Weihnachtliche Illumination des Graben, Wien (mikecphoto/Shutterstock) | Seite 2/3 Weihnachtsmarkt auf dem Frankfurter Römerberg (mapman/Shutterstock) | Seite 4/5 Weihnachtsmarkt in Annaberg-Buchholz (LianeM-Shutterstock) | Seite 6/7 Weihnachtsbasar (strelka/Shutterstock) | Seite 8 Eingang zum Weihnachtsmarkt (Victoria Chudinova/Shutterstock) | Seite 10 Mädchen vor dem Weihnachtsbaum (Irina Wilhauk/Shutterstock) | Seite 12/13 Laterne im Weihnachtsschmuck (Rawpixel) | Seite 14 Weihnachtsbaum-Illumination (Max Bovkun/Unsplash) | Seite 16 Weihnachtsmarkt in Tallinn, Estland (dimbar76/123RF) | Seite 21 Szene vom Weihnachtsmarkt in Hannover (Mikhail Karkovskyi/Shutterstock) | Seite 23 Franz Skarbina: Weihnachtsmarkt | Seite 24/25 Gewürzdekoration (cmophoto/Unsplash) | Seite 26 Ludwig Richter: Ehre sei Gott in der Höhe (Die Turmsänger, 19. Jahrhundert) | Seite 28 Jörg Breu: Wintermarkt im mittelalterlichen Augsburg | Seite 30 Mittelalter-Markt (zeitgenössische Illustration) | Seite 32 Der Christmarkt in Nürnberg (Illustration, 19. Jahrhundert) | Seite 33 H. W. Sager: Nürnberger Christkindlmarkt, um 1845 (akg-images) | Seite 34 Erstes Bilderbuch für artige Kinder, um 1870 | Seite 36 A. Geiger: Im Puppenladen, 1840 | Seite 37 Weihnachtliches Familienidyll (Illustration, 19. Jahrhundert) | Seite 38/39 Illustrationen der Kindergeschichte *Der Weihnachtsabend der Familie Thalberg*, 1805 | Seite 40 (oben) Franz Carl Hohnbaum:

Weihnachtsmarkt | Seite 40 (unten) Hugo Bürkner: Szene auf dem Striezelmarkt in Dresden, 1851 (akg-images) | Seite 41 Bürgerliches Paar auf dem Weihnachtsmarkt (Illustration, 19. Jahrhundert) | Seite 42 Carl Rechlin: Der Weihnachtsmarkt in Berlin (Illustration, 19. Jahrhundert) | Seite 43 (oben) Illustration, 19. Jahrhundert (iStockphoto) | Seite 43 (unten) Berlin, Unter den Linden (Illustration, 19. Jahrhundert | Seite 44 (oben) Christbaummarkt in Leipzig (Illustration, 19. Jahrhundert) | Seite 44 (unten) Der Weihnachtsbaumverkauf (Illustration, 19. Jahrhundert | Seite 45 Franz Skarbina: Weihnachtsmarktverkäufer | Seite 47 (oben) Georg Schöbel: Zum ersten Mal auf dem Weihnachtsmarkt, um 1890 (akg-images) | Seite 47 (unten) Lorenz Ritter: Weihnachtsmarkt am Marktbrunnen, 1885 | Seite 48 Georg Schöbel: Kleine Kaufleute auf dem Berliner Weihnachtsmarkt, 1893 | Seite 51 Eduard Binder: Weihnachtsmarkt in der Biedermeierzeit, um 1910 (akg-images) | Seite 53 Friedrich Hechelmann, aus dem Buch *Ein Weihnachtstraum*, Wien 2013 (Thiele Verlag). | Seite 54/55 Christbaumkugeln (Ju4466/Pixabay) | Seite 56 Georg von Rosen: Julmarknad (Weihnachtsmarkt, Bridgeman Images) | Seite 59 Werner Zehme: Unsere Großmütterchen auf dem Weihnachtsmarkt, um 1890 (akg-images) | Seite 61 Ludwig Mößler: Christkindlesmarkt | Seite 64 Friedrich Perlberg: Weihnachtsmarkt in Nürnberg | Seite 65 Der Weihnachtsmarkt von Pirna (akg-images) | Seite 66 Adolf Jebens: Weihnachtsmarkt an der Alten Wache, Berlin | Seite 67 L. Schröder: Weihnachtsmarkt im Lichterglanz, 1908 (akg-images) | Seite 69 E. Löffler: Szene auf einem Berliner Weihnachtsmarkt, 1864 (akg-images) | Seite 70 Anton Pieck: Weihnachtsmarkt | Seite 72 Spielzeugstand auf dem

Weihnachtsmarkt (Illustration 19. Jahrhundert) | Seite 73 Weihnachtsmarkt in Breslau, 1913 | Seite 75 Karl Wenzel Zajicek: Weihnachtsmarkt Am Hof, Wien, 1908 | Seite 76 Weihnachtsmarkt (Illustration, 19. Jahrhundert) | Seite 78 Wilhelm Gause: Wiener Weihnachtsmarkt, 1894 (akg-images) | Seite 79 Mela Koehler, 1911 (Postkarte der Wiener Werkstätte) | Seite 82/83 Glaskugeln (Steve Estvanik/Shutterstock) | Seite 84 Lübecker Weihnachtsmarkt auf dem Marktplatz (Arterra Picture Library/Alamy) | Seite 87 Lübecker Weihnachtsmarkt aus der Vogelperspektive (Privat) | Seite 88 Lübeck (Mapics/Dreamstime) | Seite 90 Hamburger Weihnachtsmarkt auf dem Rathausplatz (fotoselect/Shutterstock) | Seite 91 Hamburg, Pyramide auf der Mönckebergstraße (Privat) | Seite 92 Hamburg, Jungfernstieg (Privat) | Seite 94 Bergedorfer Weihnachtsmarkt (Hamburg) | Seite 96 Weihnachtsmarkt auf dem Marktplatz in Göttingen (Christoph Mischke/Göttingen Tourismus) | Seite 97 Weihnachtsmarkt in Göttingen | Seite 98 Pyramide auf dem Hildesheimer Weihnachtsmarkt (Dirk Bastert) | Seite 100 Weihnachtsmarkt in Osnabrück (Bernsmann/iStockphoto) | Seite 104 Weihnachtsmarkt auf dem Roncalliplatz am Dom zu Köln (Thomas Ramsauer/Shutterstock) | Seite 107 *Heinzels Wintermärchen* auf dem Alter Markt in Köln (Michail Markowski/Shutterstock) | Seite 108 Aachener Weihnachtsmarkt aus der Vogelperspektive (Hatim Kanchwala/Unsplash) | Seite 110 Weihnachtsmarkt in Aachen (Michael Gaida/Pixabay) | Seite 112 Frankfurter Weihnachtsmarkt auf dem Römerberg (S. Borisov/Shutterstock) | Seite 114 Szene vom Weihnachtsmarkt in Frankfurt (Eva Kroecher) | Seite 116 Weihnachtsmarkt in Rostock, Kröpeliner Straße (H. Busch-Paulick) | Seite 117 Szene vom

Neuen Markt, Rostock | Seite 118 Weihnachtsmarkt auf dem Alexanderplatz, Berlin (S. Borisov/Shuttestock) | Seite 121 Weihnachtszauber auf dem Gendarmenmarkt, Berlin (Olaf Selchow/B.Z.) | Seite 122 Weihnachtsmarkt auf dem Breitscheidplatz, Berlin | Seite 123 Eislaufen auf dem Weihnachtsmarkt vor dem Roten Rathaus (Perekotypole/Shutterstock) | Seite 124 Weihnachtsmarkt in Braunschweig (Marek Kruszweski/Stadtmarketing Braunschweig) | Seite 126 Magdeburger Weihnachtsmarkt (LianeM/Shutterstock) | Seite 128 Magdeburger Weihnachtsmarkt auf dem Alten Markt vor dem Rathaus (Andreas Lander) | Seite 129 Installation *Der Lichterwald*, Magdeburg (Andreas Lander) | Seite 130 Weihnachtsmarkt in Erfurt vor Mariendom und Severikirche (H. P. Szyszka) | Seite 132 Erfurter Weihnachtsmarkt aus der Vogelperspektive (Jürgen Sack/iStockphoto) | Seite 134 Striezelmarkt in Dresden (Igor Link/Shutterstock) | Seite 135 Historisches Plakat vom Striezelmarkt 1946 (Bridgeman Images) | Seite 136 Dresdner Striezelmarkt (Aleksandra/Pixabay) | Seite 138 Leipziger Weihnachtsmarkt (Mauritius/Alamy) | Seite 139 Weihnachtsmarkt in Leipzig (dpa picture alliance/Alamy) | Seite 141 Szene vom Weihnachtsmarkt in Leipzig | Seite 142 Schlesischer Christkindelmarkt in Görlitz (Nikolai Schmidt | Seite 144 Görlitz, Brüderstraße (Privat) | Seite 146 Szene vom Weihnachtsmarkt in Trier (Georg Hanf/iStockphoto) | Seite 147 Trierer Weihnachtsmarkt aus der Vogelperspektive (Albert Wirtz) | Seite 148 Pyramide auf dem Heidelberger Weihnachtsmarkt (Mapman/Shutterstock) | Seite 150 Weihnachtsmarkt in Heidelberg mit dem Schloss im Hintergrund (Tobias Schwerdt) | Seite 152 Weihnachtsmarkt in der Ravennaschlucht (imageProfessionals/Alamy) | Seite 153 Szene vom Weihnachtsmarkt in der Ravennaschlucht (Privat) | Seite 154 Weihnachtsmarkt in Nürnberg (Vulcano/Shutterstock) | Seite 157 Das Christkind (Benigna Munsi) vor dem Nürnberger Christkindlesmarkt | Seite 159 Lebkuchenstand auf dem Nürnberger Christkindlesmarkt | Seite 160 Eröffnung des Weihnachtsmarkts in Rothenburg ob der Tauber (fotageclips/Shutterstock) | Seite 162 Rothenburg ob der Tauber Rothenburg Tourismus-Service) | Seite 163 Rothenburg ob der Tauber | Seite 164 Eingang zum Weihnachtsmarkt in Coburg (Michael von Aichberger/Shutterstock) | Seite 166 Installation auf dem Coburger Weihnachtsmarkt (Privat) | Seite 167 Coburger Weihnachtsmarkt im Schnee (Thoermer/123RF) | Seite 168 Weihnachtsmarkt in der Bamberger Altstadt (Mikhail Markovsky/Shutterstock) | Seite 170 Maronistand auf dem Weihnachtsmarkt in Bamberg (Privat) | Seite 172 Münchner Christkindlmarkt auf dem Marienplatz aus der Vogelperspektive (Michael Thaler/Shutterstock) | Seite 173 Szene vom Kripperlmarkt in München | Seite 175 Mittelaltermarkt auf dem Wittelsbacherplatz in München | Seite 176 Christkindlmarkt im Englischen Garten, München (Franz Marc Frei/Lookphotos) | Seite 178 Hafenweihnacht in Lindau am Bodensee (Wolfgang Schneider/Kulturamt Lindau) | Seite 180 Altstadt von Lindau (Wolfgang Schneider) | Seite 180 Weihnachtsmarkt auf dem Wiener Rathausplatz (Kyrill Kuzminych/Shutterstock) | Seite 183 Weihnachtsmarkt vor der Wiener Karlskirche (rustamank/Shutterstock) | Seite 184 Weihnachtsmarkt auf dem Maria-Theresien-Platz, Wien (rustamank/Shutterstock) | Seite 186 Salzburger Christkindlmarkt (Bryan Reinhart) | Seite 187 Weihnachtsmärkte in der Salzburger Altstadt (Meandering Train Media/Shutterstock) | Seite 189 Hellbrunner Adventzauber, Salzburg (Privat) | Seite 190 (oben) Schweizer Sternenstadt in St. Gallen (André Meier) | Seite 190 (unten) St. Gallen (Daniel M. Frei/shotmedia) | Seite 192 Weihnachtsmarkt im Hauptbahnhof Zürich (Michael Stipek/Shutterstock) | Seite 194 *Wienachtsdorf* auf dem Sechseläutenplatz in Zürich (Alex Buschor) | Seite 196 Weihnachtsmarkt in Basel (emicristea/iStockphoto) | Seite 197 Baseler Weihnachtsmarkt auf dem Barfüsserplatz aus der Vogelperspektive (Jan Geerk) | Seite 198/199 Leuchtsterne (stux/Pixabay) | Seite 200 Szene vom Weihnachtsmarkt am Straßburger Münster (Adrian Hancu/123RF) | Seite 202/203 Lichterinstallation (Carina Chen/Pixabay) | Seite 204 Weihnachtsmarkt in Colmar (amzphoto/123RF) | Seite 206 Weihnachtslicht (Roman Babakin/Shutterstock | Seite 207 Weihnachtsmarkt in Dresden aus der Vogelperspektive (kuningakotka/123RF) | Seite 208 Weihnachtsmarkt mit Eisbahn in Berlin (Asatrira/Pixabay) | Seite 209 Stand auf dem Weihnachtsmarkt in Bonn (Moskwa/123RF) | Seite 210 (erix2005/123RF) | Seite 211 Am Glühweinstand (Marcel Strauss/Unsplash) | Seite 213 Reitender Weihnachtsmann (RAW-films/Shuttestock) | Seite 215 Gruppe auf dem Weihnachtsmarkt (Studio Romantic/Shutterstock).

Trotz sorgfältiger und gründlicher Recherche konnten vom Verlag nicht alle Urheberinnen und Urheber, Rechteinhaber und Lizenzgeber ausfindig gemacht werden. Der Verlag ist für entsprechende Hinweise dankbar und wird rechtmäßige Ansprüche nachträglich honorieren.

Dieses Buch entstand in den Jahren 2019 bis 2023. Weihnachtsmärkte sind keine statischen Institutionen, sondern erleben jedes Jahr Wandlungen und Veränderungen. Für die Gültigkeit und Aktualität bestimmter Informationen und Abbildungen wird keine Gewähr übernommen.

ISBN 978-3-85179-491-5

Text und Bildauswahl von Johannes Thiele
Gestaltung und Satz von Guter Punkt, München
Coverbild von Günter Hildebrandt
(*Weihnachtsmarkt auf dem Marienplatz in München*)
Druck von Longo, Bozen

www.thiele-verlag.com